NIETZSCHE
UNA GUÍA ILUSTRADA

LAURENCE GANE

PIERO

NIETZSCHE
UNA GUÍA ILUSTRADA

Traducción de Lucas Álvarez Canga

tecnos

Título original: *Introducing Nietzsche: A Graphic Guide*

© Esta edición ha sido publicada en el Reino Unido y USA en 2013 por Icon Books Ltd. (previamente publicada en Reino Unido y Australia en 1997 con el título *Nietzsche for Beginners* con ilustraciones de Kitty Chan, y por segunda vez en 2000, con el título actual).

Diseño de cubierta:
Carlos Lasarte

© Icon Books Ltd., 2013
© Del texto (Laurence Gane), Icon Books Ltd., 2013
© De las ilustraciones (Piero), Icon Books Ltd., 2013
© De la traducción, Lucas Álvarez Canga, 2024
© De la edición española, EDITORIAL TECNOS
(GRUPO ANAYA, S. A.), 2024
C/ Valentín Beato, 21 - 28037 Madrid

PAPEL DE FIBRA
CERTIFICADA

ISBN: 978-84-309-9027-6
Depósito Legal: M-8260-2024

Printed in Spain

Índice

Al frente del panteón intelectual del siglo XIX se encuentran las figuras de **Karl Marx** (1818-83), **Sigmund Freud** (1856-1939) y **Friedrich Nietzsche** (1844-1900). La crítica de Marx al sistema socioeconómico y el análisis de Freud de la vida psicosexual han sido bien asimiladas a finales del siglo XX y principios del XXI. Sin embargo, las ideas de Nietzsche continúan en el horizonte de la conciencia moderna: un desafío inquietante, incluso aterrador, que sabía que no iba a ser aceptado durante su propia época. «Imagina un libro que no hable de otra cosa más que de los acontecimientos que tienen lugar fuera de la posibilidad de experiencias generales o, incluso, raras: el primer lenguaje de una nueva gama de experiencias. En este caso, ¡**no se oirá nada**!».

Hoy en día, más de 100 años después, estamos siendo, poco a poco, conscientes de los cambios profundos en nuestra relación con la verdad, la ciencia y la moralidad que predijo Nietzsche.

Primeros años

El 15 de octubre de 1844 en Röcken, Sajonia, el pastor luterano fue bendecido con el nacimiento de su primer hijo, Friedrich Wilhelm Nietzsche. La familia afirmaba ser descendiente de la aristocracia polaca, y había producido muchas generaciones de clérigos.

El padre de Nietzsche murió de una lesión cerebral tras una caída cuando el chico tenía solo cinco años de edad. Al año siguiente la familia se mudó a Naumberg. El chiquillo era introspectivo y amaba la poesía y la música. En la escuela le llamaban «el pequeño pastor», y en casa vivía con su madre, su hermana, una abuela y dos tías. ¡Una experiencia formativa, como veremos!

En 1858, con 14 años, Nietzsche obtuvo una beca para estudiar en el famoso colegio de Pforta cerca de Naumberg, un internado luterano estricto con alto nivel académico, donde adquirió su amor por los estudios clásicos. Destacó en griego y en latín y era devoto de Platón y de Esquilo.

Cuando, en 1864, Nietzsche abandonó Pforta, aún no había indicios de los cambios que resultarían en su pensamiento: dio las gracias a sus maestros y reconoció una deuda de gratitud «a Dios y al rey».

En octubre de 1864, con 20 años, Nietzsche entró en la Universidad de Bonn para estudiar teología y filología (el análisis literario de los textos clásicos). Pronto renunció a la teología. Se lo explicó en una carta a su hermana menor Elizabeth.

Al año siguiente se mudó a Leipzig para seguir a su profesor favorito, Ritschl, quien había logrado un puesto en la universidad.

Schopenhauer: la negación de la vida

En Leipzig, en una librería de segunda mano, Nietzsche descubrió *El mundo como voluntad y representación* del filósofo idealista alemán **Arthur Schopenhauer** (1788-1860), de cuyo ateísmo se haría eco en sus propios escritos.

EN CADA LÍNEA ESCUCHABA EL GRITO DE DENUNCIA, LA NEGACIÓN Y LA RESIGNACIÓN. VI EN EL LIBRO UN ESPEJO EN EL QUE EL MUNDO, LA VIDA MISMA Y MI PROPIA ALMA SE HALLABAN TODOS ELLOS REFLEJADOS CON TERRIBLE FIDELIDAD.

Para Schopenhauer, como para su gran predecesor Immanuel Kant, existe una distinción fundamental entre el mundo como *aparece* (**fenómenos**) y el mundo como realmente *es* (**noúmenos**).

Todas las apariencias son meras manifestaciones físicas de una realidad subyacente que, para Schopenhauer, es la VOLUNTAD.

ASÍ, TRAS LA APARIENCIA DE MIS MOVIMIENTOS CORPÓREOS YACE LA REALIDAD DE MI VOLUNTAD O DESEO. LA VOLUNTAD NO EXISTE EN EL TIEMPO Y EN EL ESPACIO, COMO LO HACE MI CUERPO: NO ES EN ABSOLUTO UNA ENTIDAD FÍSICA, SINO QUE SUBYACE A TODA LA NATURALEZA ANIMADA E INANIMADA A LO LARGO DEL COSMOS.

Esta fuerza cósmica atemporal no física no conduce a Schopenhauer hasta la idea de Dios. Más bien, la Voluntad es interpretada como la fuente de todo sufrimiento, ya que la voluntad nunca conlleva satisfacción, ¡sino solamente un mayor deseo! (un eco de las enseñanzas de Gautama Buddha). Así, estamos condenados a la búsqueda sin fin de deseos imposibles: «hinchamos una burbuja de jabón tanto como podemos, a pesar de que sabemos perfectamente que explotará».

Esto sugiere una resignación pesimista para soportar la vida lo mejor que podamos. A pesar de que Nietzsche rechazará más tarde este profundo pesimismo, la imagen sombría y ateísta de Schopenhauer sobre el universo movido por una voluntad ciega sin un significado o consuelo último echarían raíces en él.

... LOS DESEOS NUNCA SATISFECHOS, LOS ESFUERZOS FRUSTRADOS, LAS ESPERANZADAS APLASTADAS SIN MISERICORDIA POR EL DESTINO, LOS ERRORES DESAFORTUNADOS DE TODA UNA VIDA, CON UN SUFRIMIENTO CADA VEZ MAYOR ABOCADO A LA MUERTE AL FINAL, SON SIEMPRE UNA TRAGEDIA.

SCHOPENHAUER PREDICA EL ASCETISMO Y LA NEGACIÓN DE LA VIDA. ¡DEBERÍA ENSEÑAR LA ALEGRE AFIRMACIÓN DE LA VIDA!

El académico como antiacadémico

En 1867 Nietzsche fue llamado a realizar el servicio militar en el ejército prusiano, abandonando sus estudios. Sirviendo en un regimiento de artillería, sufrió una lesión grave en el pecho mientras montaba a caballo. Desde su infancia, su salud nunca había sido buena e iba a estar en un declive constante en el futuro. Mientras convalecía, comenzó a reflexionar sobre la forma de vida académica y sobre la filología en particular. En una carta a su amigo Erwin Rhode, del 20 de noviembre de 1867, escribe sobre «... las actividades de la prole filológica similares a las de un topo... su indiferencia a los problemas verdaderos y urgentes de la vida».

¿Y QUÉ ES LA FILOLOGÍA? ¡EL ARTE DE LEER DESPACIO!

«En el académico, el instinto de la autodefensa se ha atrofiado; de lo contrario, se defendería a sí mismo frente a los libros. El académico es un decadente».

«Toda escritura que no contenga un estímulo para la **actividad** es inútil».

Mientras tanto, los primeros ensayos de Nietzsche sobre la cultura griega, publicados en el *Rheiniches Museum*, llamaron la atención de las autoridades de la Universidad de Basilea. Al año siguiente, en 1868, el profesor Ritschl recibió una carta de esa universidad preguntando si pensaba que Herr Nietzsche podría ser un buen profesor de filología.

ASÍ, CON SENTIMIENTOS CONTRADICTORIOS, PERO BASTANTE HALAGADO, ACEPTÉ UNA CÁTEDRA DE FILOLOGÍA CLÁSICA A LA EDAD DE SOLO 24 AÑOS.

Sus profesores de Leipzig decidieron premiarle concediéndole su título sin un examen final, ya que este estudiante estaba claramente dotado de una capacidad intelectual inusual.

En Basilea, donde enseñó durante los siguientes diez años, Nietzsche se desilusionó cada vez más con la vida académica. Su salud, que empeoraba cada vez más, lo llevaría a renunciar a la cátedra de filología en 1879, a los 34 años. «No es posible ninguna verdad completamente radical (en la vida académica)»

El nacimiento de la tragedia desde el espíritu de la música

Cuando apareció en 1872 su primer libro, *El nacimiento de la tragedia*, solo le sirvió para distanciarle del mundo académico. La única reseña del mismo rezaba: «quienquiera que haya escrito una obra de este tipo está acabado como académico».

Es fácil ver por qué este libro fue vilipendiado y denostado por sus colegas, ya que socavaba la división tradicional entre el **discurso** racional-filosófico y la **expresión** creativo-artística, tan preciada en la tradición intelectual occidental. Esta obra maravillosamente ambiciosa pretende explicar...

1. El origen de la tragedia griega clásica.

2. Una dicotomía fundamental en la cultura y pensamiento humano entre la experiencia racional y la estética.

3. Por qué la forma estética de la vida es fundamental y la racional es secundaria.

4. Por qué la cultura moderna está enferma y cómo puede hacerse que reviva.

Logra sus fines usand
la argumentación,
metáfora, la anécdot
la exhortación, la retóri(
y la licencia poética,
muestra por qué, para l(
académicos, Nietzsche es
«filósofo de los problemas
¡no confinará su estilo a
expresión racional ortodox
En su lugar, sacude la jaula (
hierro del lenguaje y, como
poeta Schiller, cree qu
«primero viene una ciert
disposición musical de
mente, y después le sigue
idea poética

Apolo y Dioniso

Dioniso, el dios griego del vino, el jolgorio y el abandono sensual, representa el «hombre primario». Los seguidores de su culto dejan de lado el lenguaje y la identidad personal para entrar en una danza extática. La música y la embriaguez son sus medios, y el «éxtasis colectivo místico» su fin.

BUSCAN UN CAMINO DE VUELTA A LAS ENTRAÑAS DEL SER: UNA ESCAPATORIA A LA PRISIÓN DEL YO.

EL DESORDEN Y LA PROFANACIÓN QUE PRACTICARON CON IMPUNIDAD NO MENOS DE 7.000 DEVOTOS DE AMBOS SEXOS FUERON CONTEMPLADOS CON HORROR Y ASOMBRO POR LOS CÓNSULES.

Eurípides
dramaturgo griego
(484-407 a.C.)

Esta condición similar al trance nos protege brevemente de nuestro sentido de aislamiento y de la naturaleza transitoria de la vida humana, de la que no nos permite escaparnos nuestra **intuición**

Nietzsche recuerda la antigua leyenda en la que el rey Midas busca a Sileno, el fiel compañero de Dioniso, y le pregunta: «¿Cuál es la mayor felicidad del hombre?». El daimon se mantiene hosco y taciturno hasta que, finalmente, forzado por el rey, rompe a reír a carcajada limpia.

EFÍMERO DESDICHADO, ENGENDRADO POR EL ACCIDENTE Y EL TRABAJO, ¿POR QUÉ ME FUERZAS A DECIRTE LO QUE SERÍA TU MAYOR BENDICIÓN NO OÍR? LO QUE SERÍA MEJOR PARA TI SE ENCUENTRA MUY LEJOS DE TU ALCANCE: NO HABER NACIDO, NO SER, SER NADA. ¡PERO LO SEGUNDO MEJOR ES MORIR PRONTO!

¿Cómo pudo sobrellevar la cultura helénica estas terribles verdades?

Apolo, el dios Sol del orden y la razón, encarnado en el sueño de la **ilusión**, representa al hombre civilizado. El culto apolíneo genera optimismo. Su insistencia en la forma, en la belleza visual y en la comprensión racional ayuda a fortalecernos contra el terror dionisíaco y al frenesí irracional que produce. «Para ser capaces siquiera de vivir, los griegos tenían que colocar delante de ellos mismos la fantasía resplandeciente de los olímpicos», con Apolo como su dios supremo. El autocontrol, el autoconocimiento y la moderación: el «término medio» del filósofo **Aristóteles** (385-322 a.C.).

La música, el origen del mito

Los conceptos, las imágenes y los sentimientos, todos obtienen un mayor significado bajo la influencia de la música.

EL ARTE DIONISÍACO AFECTA ENTONCES AL TALENTO APOLÍNEO DE UNA DOBLE MANERA. PRIMERO, LA MÚSICA NOS INCITA A LA INTUICIÓN SIMBÓLICA DEL ESPÍRITU DIONISÍACO Y, SEGUNDO, OTORGA UN SIGNIFICADO SUPREMO A ESA IMAGEN.

Por tanto, la música puede dar a luz al mito, «y sobre todo al mito trágico que es una parábola del conocimiento dionisíaco».

La música y la tragedia

Nietzsche denomina tragedia a una «nueva forma de conciencia **estética**» para indicar que la visión trágica de la vida no es simplemente una forma de reflexionar sobre el mundo, sino una primera forma de **percibir** el mundo, y solo la música nos puede conducir a esta percepción.

EL ESPÍRITU DIONISÍACO EN LA MÚSICA NOS HACE DARNOS CUENTA DE QUE TODO LO QUE HA NACIDO DEBE ESTAR PREPARADO PARA ENFRENTARSE A SU DOLOROSA DISOLUCIÓN. NOS FUERZA A CONTEMPLAR EL HORROR DE LA EXISTENCIA HUMANA, PERO SIN QUE LA VISIÓN NOS CONVIERTA EN PIEDRA.

Solo a través de la música podemos enfrentarnos al terrible mensaje de Sileno. Si la tragedia griega clásica nos causa actualmente menos impacto, es porque solo la experimentamos como una obra de teatro. Se ha perdido la música que la acompañaba.

El triunfo de la filosofía apolínea

Esta visión fundamentalmente **estética** del mundo primitivo de Dioniso será suprimida más tarde por la cultura helénica que culmina en **Sócrates** (469-399 a.C.).

RECHAZO TODO ARTE COMO UNA IMITACIÓN SECUNDARIA DE LA REALIDAD: UN FALSO SUSTITUTO DE LA VIDA MISMA.

¡A TRAVÉS DE SU DISCÍPULO **PLATÓN** (427-347 A.C.), LA FILOSOFÍA APOLÍNEA DEL OPTIMISMO Y DE LA CREENCIA EN EL MERO PODER DE LA RAZÓN SECUESTRARÁN EL FUTURO DE LA FILOSOFÍA OCCIDENTAL DURANTE LOS PRÓXIMOS 2.000 AÑOS!

No sorprende que Nietzsche nos diga que la conciencia moderna está enferma: «el arte está reducido al **mero entretenimiento**, y está gobernado por conceptos vacíos». El espíritu de Dioniso está reprimido (Freud tendrá algo que decir más tarde sobre la «represión») y quedamos privados de la intuición sensual y de la verdad espiritual. El mito trágico se ha perdido.

El caso de Richard Wagner

Nietzsche encontró el mejor ejemplo contemporáneo de la visión trágica en las óperas de su amigo **Richard Wagner** (1813-83) quien, junto con las ideas de Schopenhauer, actuaría como una caja de resonancia para su propia filosofía en los años venideros (finalmente, rechazaría a ambos).

En sus primeros años en Basilea, Nietzsche se hizo amigo íntimo de Wagner y de su talentosa mujer Cosima, a quien había visitado por primera vez en su casa en Tribschen en 1869.

En un principio, Nietzsche apoyaba totalmente el ideal de Wagner de un teatro nacional de las artes en Bayreuth, y dedicó mucho tiempo y energía el proyecto. Su ensayo *Richard Wagner en Bayreuth* (¿1870?) anuncia la nueva síntesis wagneriana de música y drama como el renacimiento de la era dorada del arte griego: el salvador de la cultura alemana. Pero, como se dio cuenta Nietzsche más adelante, había leído en la obra de Wagner su **propio** ideal del arte y de la música.

Wagner se consideraba a sí mismo un revolucionario político y sexual, pero su optimismo socialista no pudo resistir a la filosofía profundamente pesimista de Schopenhauer.

Cuando su obra cumbre, *El anillo de los nibelungos*, se estrenó en el teatro de Bayreuth en agosto de 1876, Nietzsche quedó consternado.

COMENCÉ A INTERPRETAR LA MENTE DE WAGNER COMO LA EXPRESIÓN DE LA POTENCIA DIONISÍACA DEL ALMA. CREÍ OÍR EN ELLA EL TERREMOTO... INDIFERENTE A LO QUE PASA POR CULTURA QUE, DE ESTE MODO, SE VERÍA REDUCIDA A RUINAS.

En realidad, sería Nietzsche, y no Wagner, quien crearía el mayor terremoto en el pensamiento de nuestro tiempo.

Con el estreno de *Parsifal* (1877) de Wagner, el divorcio de Nietzsche de su antiguo amigo estaba casi consumado, pues aquí Wagner abraza el simbolismo religioso, ¡y la sangre de Cristo redime el mundo!

Nietzsche estaba comenzando a distanciarse del pesimismo de Schopenhauer. Wagner, por el contrario, «se quedó encallado en la roca de la filosofía de Schopenhauer» (en su pesimismo y resignación), además de en un cristianismo decadente. Esto parece innegable: en una carta a **Franz Liszt** (1811-86), Wagner dice...

SCHOPENHAUER... SE ME APARECIÓ EN MI SOLEDAD COMO UN MENSAJERO DEL CIELO... SU PENSAMIENTO CENTRAL, LA NEGACIÓN FINAL DE LA VOLUNTAD DE VIVIR, ES DE UNA SERIEDAD TERRIBLE; PERO ES EL ÚNICO CAMINO HACIA LA SALVACIÓN.

LOHENGRIN CONTIENE UNA PROHIBICIÓN SOLEMNE DE TODA INVESTIGACIÓN Y CUESTIONAMIENTO. DE ESTA FORMA, WAGNER REPRESENTA LA IDEA CRISTIANA, «DEBES CREER Y CREERÁS».

¡WAGNER SE VOLVIÓ PIADOSO!

Como veremos, Schopenhauer, Wagner y el cristianismo se convertirán para Nietzsche, en sinónimos de decadencia, debilidad, nihilismo y de negación de la vida. Los denominados instintos de piedad y autosacrificio se convierten en «el mayor peligro de la humanidad, su más sublime tentación y seducción: ¿seducción para qué? Para la nada... **la Voluntad volviéndose contra la vida**».

...tura con Wagner fue muy dolorosa para Nietzsche. «Por nada
...undo borraría de mi vida los días que pasé en Tribschen [con él],
...ías de confianza, de alegría, de sublimes destellos, de momentos
...ndos».

...embargo,
...nente...

...reciente sensación de aislamiento, junto con un
...e constante de su salud (dolores de cabeza
...antes, vista cansada), exigió períodos regulares
...scanso y recuperación (curas en balnearios,
...a las montañas) mientras que en el período
...o continuaba volviendo a enseñar en Basilea.

...75 se hizo amigo de
...en músico, Heinrich
...tz, quien se
...tizó como Peter Gast
...en alemán significa
...nte, huésped), que
...ba su obra al dictado
...yudaba a copiar sus
...scritos.

TUVE QUE PONERME EN CONTRA DE TODO LO QUE FUERA
MÓRBIDO EN MÍ MISMO, INCLUIDO WAGNER, INCLUIDO
SCHOPENHAUER, INCLUIDA TODA LA HUMANIDAD MODERNA.

¿Qué es la historia?

La obra temprana de Nietzsche se ha caracterizado, hasta ahora, por un rechazo al enfoque racional y escolástico de la filosofía postsocrática en favor de la pasión intuitiva y libidinal del arte dionisíaco: una perspectiva estética y vital de la condición humana. Sin embargo, con la publicación de *Humano, demasiado humano* (1878), vemos surgir un lado más imparcial y crítico en el pensamiento de Nietzsche.

LA RAZÓN SOCRÁTICA SE EMPLEA AHORA EN UNA INVESTIGACIÓN QUE TIENE SUS ORÍGENES EN UN ENSAYO...

«EL USO Y ABUSO DE LA HISTORIA», BAJO EL TÍTULO COLECTIVO *CONSIDERACIONES INTEMPESTIVAS* (1873-76).

La pregunta: «¿Qué es la historia?» es objeto aquí de un análisis realizado en el momento oportuno, que refleja el éxito militar prusiano en Europa en los años 1870

En 1870, Nietzsche había servido brevemente en la guerra franco-prusiana como enfermero voluntario, pero contrajo disentería y difteria, necesitando una larga convalecencia. Rechazó de plano el fervor patriótico del «Segundo Reich» prusiano, visto como un triunfo de los ideales de la cultura alemana en esta guerra.

LA PRUSIA MODERNA ES UNA POTENCIA QUE REPRESENTA UN PELIGRO PARA LA CULTURA, LO MISMO QUE LA HISTORIA PUEDE AMENAZAR EL PRESENTE IDEALIZANDO LAS GRANDES NACIONES DEL PASADO Y EXHORTÁNDONOS A EMULAR MERAMENTE ESTAS CULTURAS MUERTAS.

«Nosotros los modernos no tenemos una cultura que podamos llamar nuestra. Nos llenamos de costumbres, artes, filosofía, religiones y ciencias extranjeras: somos enciclopedias errantes». (*Uso y abuso de la historia*). La cuestión es **asimilar** el pasado, y usarlo para crear nuestra propia vida y cultura. La historia es un peso muerto sobre el presente.

¿Qué es la educación?

La educación nos ofrece mucha información **sobre** la cultura. Su producto es la denominada persona culta que posee un exceso de historia y no puede vivir una vida auténtica por sí misma. La educación insiste en el **detalle preciso** y en la «**objetividad**» **independiente** que solo sirven para paralizar el proyecto individual de la autorrealización y de la acción en el mundo.

> UN HOMBRE PUEDE ESTAR MUY BIEN EDUCADO, PERO CARECER EN ABSOLUTO DE HISTORIA.

Si tenemos que producir una cultura vital auténtica, necesitamos estar **menos** educados (en el sentido tradicional).

¿Qué es la cultura?

La cultura, y las creencias y los valores que caracterizan a cualquier grupo o clase, nunca pueden ser producidas por la educación aisladamente. Los grandes pueblos producen a veces **genios**, pero este raro acontecimiento ocurre más a menudo en culturas en donde el Estado está menos involucrado en la educación de sus sujetos.

Ciertamente, «todos los grandes períodos de la cultura han sido períodos de declive político». La energía que se requiere para la política a gran escala, en la economía, en el comercio universal, en el parlamentarismo, o en los intereses militares, normalmente **reduce** el nivel de cultura de un pueblo.

¿Y cómo puede mejorarse la grave situación de la cultura alemana? Irónicamente, por aquellos con una sana falta de respeto hacia el *statu quo*, esto es, la juventud de la nación. «Primero, serán más ignorantes que los hombres educados del presente, pues tendrán que **desaprender** mucho y perderán cualquier deseo incluso de discutir lo que esos hombres cultos desean conocer especialmente: de hecho, su sello distintivo frente al punto de vista culto será simplemente su falta de ciencia [conocimiento], su indiferencia e inaccesibilidad a todas las cosas buenas y famosas».

SOLO ENTONCES PODEMOS PRODUCIR NUESTRA PROPIA CULTURA, EN LUGAR DE SEGUIR LAS CULTURAS DEL PASADO, TRAGÁNDONOSLAS ENTERAS COMO UN COCODRILO ENGULLE A UN ANTÍLOPE, LO QUE CONDUCE A LA INERCIA COMPLETA.

Esta indiferencia hacia la historia y la educación producirá, finalmente, una cultura genuinamente vital: una libertad de espíritu. «Al final de la cura se encuentran de nuevo hombres y dejan de haber meras sombras humanas».

Nietzsche, por supuesto, estaba sufriendo esta «cura», pues solo así podría esperar alcanzar la crítica radical de aquellas «cosas buenas y famosas» que revolucionarían nuestra visión moderna del conocimiento, la moralidad y la psicología humana. Este cuestionamiento de la cultura conducirá a su único mensaje teleológico* para nosotros.

EL FIN DE LA HUMANIDAD NO PUEDE ENCONTRARSE AL FINAL DEL TIEMPO, SINO SOLO EN SUS ESPECÍMENES MÁS ELEVADOS.

Así, en la cápsula del tiempo, colocamos los mayores tesoros de nuestro arte y conocimiento con nuestro mensaje para el futuro: si existe valor en la vida de los humanos, se encuentra en las mayores obras culturales: los raros productos de los genios.

* **Teleología**: la teoría de que los procesos y los acontecimientos están relacionados con objetivos o fines últimos.

Si la cultura es nuestro objetivo más elevado, podríamos preguntarnos, ¿qué ocurre con las teorías metafísicas que especulan sobre la naturaleza fundamental de la realidad utilizando únicamente la razón? «Es cierto, **podría** existir un mundo metafísico: la absoluta posibilidad del mismo es difícil que se pueda cuestionar. Contemplamos todas las cosas a través de la cabeza humana y no podemos cortar esta cabeza; sin embargo, queda pendiente la cuestión de lo que sería el mundo si se la hubiese **llegado a cortar**». *Humano, demasiado humano.*

Las teorías que intentan responder a esta cuestión se encuentran, simplemente, fuera del alcance de la investigación humana. Históricamente, esta cuestión siempre ha producido una fascinación entre los filósofos, pero ¿qué ganamos si aceptamos la existencia de una dimensión metafísica?

Y, ¿por qué? Porque somos los habitantes de un mundo físico: solo ahí tienen alguna aplicación nuestros pensamientos y deseos. Es en este mundo de la acción humana donde tendrán el mayor impacto las reflexiones críticas que hace Nietzsche sobre el pensamiento de nuestro tiempo.

Aquí, Nietzsche discrepa de **Immanuel Kant** (1724-1804), probablemente el mayor filósofo idealista alemán. Kant personifica la tradición del pensamiento que se retrotrae hasta Platón y que busca el conocimiento de las verdades finales más allá de los límites de nuestra experiencia cotidia una realidad subyacente, atemporal (como la idea de Voluntad de Schopenhauer). Esta concepción de la verdad busca trascender los hech particulares de cualquier cultura o individuo y, ciertamente, de la historia misma. Kant describe este dominio de la verdad atemporal como los **noúmenos** o «cosas-en-sí-mismas», oponiéndose a los **fenómenos** o «cosas-según-se-nos-aparecen» a través de los sentidos.

Dado que estamos limitados a usar la razón y la percepción sensorial, nunca podremos conocer el mundo nouménico. Con todo, Kant insiste aún en que ta mundo existe. Cree que estamos apartados de él por nuestros sentidos, que, como lentes tintados de rosa, nos presentan todo bajo diferentes «categorías» ijas (tiempo, espacio, causalidad) de las que no podemos escapar.

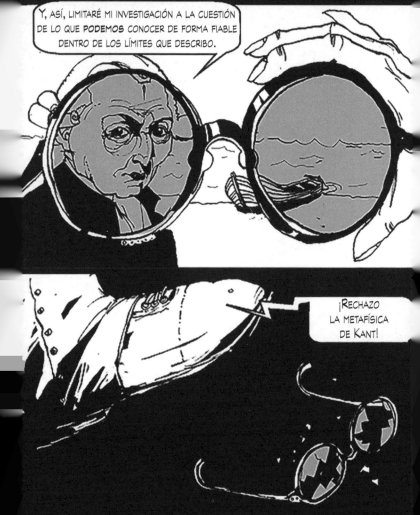

Y, ASÍ, LIMITARÉ MI INVESTIGACIÓN A LA CUESTIÓN DE LO QUE **PODEMOS** CONOCER DE FORMA FIABLE DENTRO DE LOS LÍMITES QUE DESCRIBO.

¡RECHAZO LA METAFÍSICA DE KANT!

«La falta de un sentido histórico es el defecto hereditario de todos los filósofos... todo ha **llegado a ser** [lo que es]. No existen ni hechos eternos ni, incluso, verdades eternas. Por tanto, lo que se necesita a partir de ahora es un filosofar **histórico** y, con él, la virtud de la modestia». *Humano, demasiado humano.*

La moralidad kantiana: sabes que tiene sentido

Lo que separa a Nietzsche de Kant es la creencia en el **devenir**. La necesidad de un universo fijo y atemporal no tiene ningún sentido: es simplemente «el resentimiento de los metafísicos contra lo real» (esta idea del «devenir» se materializará más tarde en la máxima de Nietzsche: «llega a ser [deviene en] lo que eres», el célebre símbolo del «Superhombre»).

Kant continúa ofendiendo con su filosofía moral, que formula en el famoso **Imperativo categórico**.

Nietzsche denomina a esto fanatismo moral. Muestra el «instinto teológico» de Kant. «¿Qué destruye [a una persona] más rápido que pensar, sentir sin necesidad interior, sin una elección personal profunda, sin **alegría**: como un autómata del "deber"?»... «Una virtud tiene que ser **nuestra** invención, **nuestra** defensa y necesidad más personales».

Esto conduce a Nietzsche hasta la cuestión fundamental. La moralidad no se puede basar únicamente sobre la razón, o si lo está, entonces mi razón puede que no sea la misma que la tuya...

CADA UNO DE NOSOTROS DEBERÍA IDEAR SU PROPIA VIRTUD, SU PROPIO IMPERATIVO CATEGÓRICO. UN PUEBLO PERECE SI CONFUNDE SU PROPIO DEBER CON EL CONCEPTO DE DEBER GENERAL... ¡EL IMPERATIVO CATEGÓRICO DE KANT DEBERÍA HABERSE CONSIDERADO COMO MORTALMENTE PELIGROSO!

Finalmente, Nietzsche combinará la cuestión del conocimiento con el problema de la moralidad: no debemos separarlas. No nos preguntemos «¿Qué podemos *saber*?», sino más bien, «¿Qué es *bueno* que sepamos?».

El estilo de Nietzsche

La educación, la historia, la cultura, la metafísica, son solo algunos de los temas que abarcó en *Humano, demasiado humano*. Nietzsche está desarrollando aquí su estilo aforístico* característicamente amplio, pero comprimido: ¡desde la ciencia y la religión hasta la música en un único párrafo!

*Aforismo: una verdad corta, bien expresada y general. A veces es **paradójico**.

«Quien reflexiona de forma más profunda sabe que, cualesquiera que sean sus actos y juicios, siempre está equivocado».

A veces es **provocativo**.

«Existe una armonía no preestablecida entre el fomento de la verdad y el bienestar de la humanidad».

A menudo es **polémico**.

«Eso que ahora llamamos el mundo es el resultado de una miríada de errores y fantasías que han surgido gradualmente en el curso de la evolución global de la naturaleza orgánica, se han entrelazado unos con otros y los hemos heredado ahora como el tesoro acumulado de todo el pasado».

Incluso **nihilista**.

«La irracionalidad de una cosa no es argumento contra su existencia, sino **una condición de la misma**».

Aquí, también, comienza a reflexionar sobre esos temas que desarrollará más adelante en *Más allá del bien y del mal* (1886), *La genealogía de la moral* (1887) y *Así habló Zaratustra* (1883-5), a saber:

1. Los orígenes de la moralidad y de la religión.

2. Los límites de la ciencia.

3. La voluntad de poder.

4. La naturaleza de la verdad.

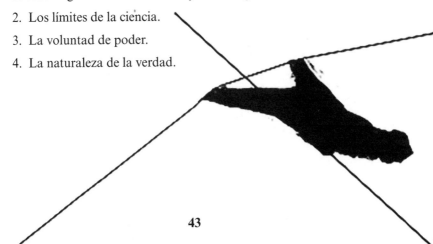

La diversidad del pensamiento de Nietzsche produjo un estilo literario rico y compacto, utilizando a menudo la metáfora, el símil y la parábola. Evitó conscientemente la discusión «en profundidad» que consideraba el sello de la mente académica pedante, que trabajaba lentamente siguiendo un camino estrecho, en busca de verdades absolutas y de un sistema de ideas total.

> DESCONFÍO DE TODOS LOS SISTEMATIZADORES Y LOS EVITO. LA VOLUNTAD DE UN SISTEMA ES UNA FALTA DE INTEGRIDAD.

«Pues considero los problemas profundos como si fueran un baño frío: entrar y salir rápido. Que así no se llega lo suficientemente profundo, no se llega lo suficientemente abajo, es la superstición de las hidrofobias... ¿Realmente continúa siendo una cosa ininteligible e irreconocible si se la toca, se la ve, y se la ilumina simplemente al pasar? ¿Es absolutamente necesario haberse sentado antes en ella, haberla empollado como un huevo?». *La gaya ciencia* (1887).

No, un gran pensador posee una ligereza al tacto, una libertad de espíritu. «Al igual que las nubes nos dicen la dirección del viento por encima de nuestras cabezas, así los espíritus más ligeros y libres son en sus tendencias los pronosticadores del tiempo que está por venir...».

EL ESPÍRITU LIBRE ES DESPRESTIGIADO PRINCIPALMENTE POR LOS ERUDITOS QUE ECHAN DE MENOS SU MINUCIOSIDAD Y LABORIOSIDAD PROPIA DE LAS HORMIGAS EN SU ARTE DE VER LAS COSAS.

El aforismo

La «laboriosidad propia de hormigas» que practican los académicos produce voluminosas obras para el lector, confirmándonos la suposición de que si algo es profundo debe ser también extenso. Nietzsche no está de acuerdo: «algo dicho brevemente puede ser el fruto de un largo proceso de pensamiento; pero el lector que es novato en este campo... ve en todo lo dicho brevemente algo embriónico, no sin censurar al autor por haberle servido un pasaje tan inmaduro».

LA MAYORÍA DE LOS PENSADORES ESCRIBE MAL PORQUE COMUNICAN NO SOLO SUS PENSAMIENTOS, SINO TAMBIÉN LO QUE PIENSAN DE ELLOS.

Así que usa palabras con cuidado y pasión: ¡escribe con sangre!

SOLO EL LECTOR MÁS AGUDO COMPRENDERÁ EL SIGNIFICADO

«El aforismo, el apotegma, son formas de eternidad; mi ambición es decir en diez frases lo que el resto el mundo dice en un libro: lo que el resto del mundo **no** dice en un libro».

Examinemos algunos aforismos en acción. El tema es «autores y lectores».

Sobre los autores

«Nunca volveré a leer a un autor de quien sospeche que quería **hacer** un libro, sino solo de aquellos cuyos pensamientos se **convirtieron** en un libro inesperadamente».

«Los pensamientos reales de los poetas reales siempre portan un velo, como las mujeres egipcias».

«**P**. ¿Por qué escribes? **R**. No he encontrado otra forma de librarme de mis pensamientos».

«¿De qué sirve un libro que nunca nos lleva más allá de todos los libros?».

«Cuando su libro abre la boca, el autor debe cerrar la suya».

«Las paradojas son solo aserciones que no conllevan convicción. El autor las ha hecho deseando parecer brillante, o para engañar o, sobre todo, para presumir».

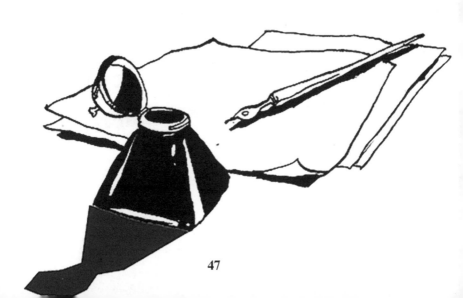

Sobre los lectores

«Un libro mejora gracias a buenos lectores y es más claro gracias a buenos oponentes».

«Actualmente el texto desaparece a menudo bajo la interpretación [del lector]».

«La debilidad de la personalidad moderna aflora en el desbordamiento sin medida de la crítica».

«En última instancia, nadie puede extraer de las cosas, incluidos los libros, más de lo que ya sabe. Nadie tiene oídos para lo que no se tiene acceso a través de la experiencia».

«Alguien señaló: "Puedo decir por mi propia reacción que este libro es dañino". Pero démosle tiempo y quizás un día admita para sí mismo que este mismo libro le ha hecho un gran servicio al sacar a la luz la enfermedad oculta de su corazón y hacerla visible».

El precio del saber

Con la publicación de *Humano, demasiado humano*, la salud de
Nietzsche estaba destrozada. Perdió muchos amigos, y una copia
del libro que envió a Wagner no recibió acuse de recibo.

LE HE HECHO EL FAVOR DE NO LEER EL LIBRO,
Y MI MAYOR DESEO Y ESPERANZA ES QUE UN DÍA
ME LO AGRADEZCA.

AL AÑO SIGUIENTE, SU SALUD DETERIORADA LE
CONDUJO A RENUNCIAR A SU CÁTEDRA EN BASILEA.
EN UNA CARTA DIRIGIDA A MÍ EN 1879 DECÍA ...

ME SIENTO COMO UN HOMBRE MUY VIEJO...
EN MEDIO DE LA VIDA ME ENCUENTRO
TAN RODEADO DE MUERTE, QUE PUEDE
QUE ME LLEVE EN CUALQUIER MOMENTO.

En otra carta sugiere que
escribir el libro fue «una
compra tan cara y con
tantas dificultades que
nadie que hubiera podido
elegir lo habría escrito a
ese precio».

Peter Gast

49

Como mostraría el futuro, Nietzsche pagó el precio más alto por las «pasiones de la mente». «Si es tu destino reflexionar, ríndele honores divinos, y sacrifícale lo mejor que tengas y lo que más ames». En los siguientes diez años, hasta el inicio de su completa descomposición mental en 1889, perdería muchos amigos cercanos, se haría enemigos y sufriría una soledad cada vez mayor: todo esto, además de encontrarse mal de salud prácticamente a diario.

TODA VICTORIA POR LO QUE RESPECTA AL CONOCIMIENTO ES EL RESULTADO DE LA DUREZA HACIA UNO MISMO.

CON LA CASA EN BASILEA AHORA CERRADA, NIETZSCHE PASARÍA EL FUTURO VIAJANDO A TRAVÉS DE FRANCIA, ITALIA Y SUIZA.

En 1880 visita Marienbad, Heidelberg, Frankfurt, Venecia, Bolzano, Stresa y Génova, donde pasa el invierno. La segunda parte de *Humano, demasiado humano* se publica como *El caminante y su sombra*: un título apropiado para sus años restantes...

El eterno retorno

En agosto de 1881, Nietzsche estaba en Sils Maria, Suiza.

> ESTABA ESE DÍA CAMINANDO A TRAVÉS DEL BOSQUE JUNTO AL LAGO DE SILVAPLANA. ME DETUVE JUNTO A UN PODEROSO BLOQUE PIRAMIDAL DE PIEDRA QUE SE LEVANTABA NO LEJOS DE SURLEI. ENTONCES ME VINO ESTA IDEA...

Era la idea del **eterno retorno**. Estaba tan impresionado por su poder y simplicidad que se repite (¡!) varias veces en sus escritos posteriores. Se encuentra muy cerca de la doctrina de los filósofos estoicos griegos, y también se hace eco de la idea budista de la repetición kármica. ¿Qué es el eterno retorno?

Esta vida, como la vives ahora y la has vivido, la tendrás que vivir una y otra vez, innumerables veces; y no habrá nada nuevo en ella, sino todo el dolor, toda la alegría, todo el pensamiento y anhelo y todos los acontecimientos indescriptiblemente pequeños y grandes de tu vida deberán volver a ti, y todo en el mismo orden y secuencia...

QUÉ PASARÍA SI UN DAIMON SE ARRASTRASE HACIA TI UN DÍA O NOCHE EN TU MAYOR SOLEDAD Y TE DIJESE...

¿NO TE ARROJARÍAS AL SUELO, HARÍAS RECHINAR LOS DIENTES Y MALDECIRÍAS AL DAIMON QUE HUBIERA HABLADO ASÍ?

Puede que, ciertamente, encontremos deprimente un pensamiento así, sin embargo, también conlleva un consuelo metafísico: la muerte no es el final. A pesar de que la idea cristiana del cielo sea claramente más seductora para el que busca la *vida* eterna.

El eterno retorno acentúa la importancia de nuestras acciones presentes: sea lo que sea lo que hagamos ahora volverá a nosotros, una y otra vez. Subraya el hecho de nuestra responsabilidad personal frente a esas acciones, e implica una exhortación: esfuérzate por ser mejor de lo que eres, por superarte a ti mismo; el momento presente lo es todo, hagamos el mejor uso de él y de nosotros mismos.

Nietzsche y las mujeres

Mucho se ha escrito sobre la sexualidad de Nietzsche: ¿fue homosexual, bisexual, célibe, misógino? El hogar de su infancia constaba de su madre, abuela, dos tías y, no menos importante, su hermana Elizabeth, dos años más joven que él. La muerte de su padre cuando Nietzsche tenía solo cinco años le dejó por completo sometido a mujeres que estaban dedicadas a su educación y formación estricta en los valores cristianos del autocontrol, la docilidad, el altruismo, etc. ¡Para un niño del carácter de Nietzsche esto debió ser difícil de soportar!

ALLÍ DONDE ENCONTRABA VIDA, OÍA TAMBIÉN EL DISCURSO DE LA **OBEDIENCIA**. TODO LO QUE VIVE, OBEDECE.

Como estudiante visitó un burdel al menos una vez, donde probablemente contrajo la sífilis. Nunca se casó y solo tuvo una aventura amorosa que nosotros sepamos.

En algunos escritos elogia mucho a las mujeres.

«Las mujeres tienen inteligencia; los hombres tienen carácter y pasión».

«La estupidez en una mujer es antifemenina».

«¿Hay algún estado más sagrado que el del embarazo?».

«El remedio más seguro para el mal masculino del desprecio de uno mismo es el amor por una mujer sensible».

Pero predominan sus opiniones críticas sobre la mujer.

«La mujer es esencialmente poco pacífica».

«En la venganza y en el amor, la mujer es más bárbara que el hombre» (¿o es esto un cumplido?).

«El verdadero hombre quiere dos cosas: el peligro y la diversión. Por tanto, quiere a la mujer, el juguete más peligroso».

«La mujer perfecta te hace pedazos cuando te ama» (¿otro cumplido?).

«La mujer comprende a los niños mejor que el hombre, pero el hombre es más infantil que la mujer».

Pero cualesquiera que sean las diferencias...

AMBOS, SIN EMBARGO, DEBERÍAN SER APTOS PARA EL BAILE, TANTO CON LA CABEZA COMO CON LAS PIERNAS.

Así que digamos que Nietzsche era:

1. Heterosexual.

2. Probablemente célibe. (¡Wagner había escrito al médico de Nietzsche sugiriendo que se había dedicado en exceso a la masturbación!).

3. Un gran admirador de ciertas mujeres a las que siempre encontraba problemáticas: «el hombre es para la mujer un medio; el propósito es siempre un niño. Pero ¿qué es la mujer para el hombre?». (¡Incluso Freud tuvo dificultad con esta cuestión!).

A pesar de que Nietzsche propuso matrimonio sin éxito a la joven mujer holandesa, Mathilde Trampedach, en 1876, parece que su único amor serio data de 1882, por una joven rusa, Lou Andreas-Salomé (más tarde íntima de Freud). El amigo de Nietzsche, el psicólogo judío Paul Rée, les presentó en Roma, y dos días después le propuso a ella matrimonio: ¡de nuevo sin éxito! Rée también estaba enamorado de Lou y, durante un tiempo, fue posible un *ménage-á-trois*, pero poco después Nietzsche perdió tanto a su amigo como a su amor.

En este estado de abandono, comenzó en 1883 su obra más conocida, *Así habló Zaratustra*. La figura de Zaratustra, un vagabundo solitario en tierras extranjeras es claramente una imagen del propio Nietzsche.

Lou era claramente una mujer notable. Una foto la muestra conduciendo un carro, con Nietzsche y Rée como los caballos, ¡mientras blande un látigo! La sugerencia de Nietzsche de un matrimonio de prueba («en arrendamiento») no le escandalizó lo más mínimo. Más tarde recordaría su primera impresión de Nietzsche.

La gaya (o jovial) *ciencia* (1887) continúa el pensamiento de Nietzsche sobre el análisis crítico de la cultura. que comienza en *Humano, demasiado humano*. Aquí, sus ideas sobre la ciencia, la religión y la moralidad exigen nada menos que una nueva orientación de la conciencia moderna.

Las micro-historias de la vida cotidiana

Nietzsche comienza con un alegato a favor del estudio de los fenómenos hasta entonces «triviales». Nos pide que pasemos de las grandes historias del pensamiento a aquellos acontecimientos que tienen un impacto en nuestra *existencia cotidiana*, y que ayudan a moldearla en una forma cultural particular. «Todo lo que ha dado color a la existencia no ha tenido historia hasta entonces. ¿Dónde hay una historia del amor, de la avaricia, de la envidia, de la conciencia, de la piedad, de la crueldad? Falta una historia comparativa de la justicia o, incluso, solo del castigo».

ESTAS HISTORIAS, UNA VEZ ESCRITAS, MOSTRARÁN LA GRAN VARIEDAD DE CLIMAS MORALES PRODUCIDOS POR DIFERENTES FORMAS DE VIDA.

LA MORAL DE LOS ACADÉMICOS, DE LOS MERCADERES, DE LOS ARTISTAS, DE LOS ARTESANOS, ¿HAN ENCONTRADO YA A SU PENSADOR?

La investigación nos mostrará que existen **moralidades**, pero no «moralidad», ningún reino atemporal en donde puedan reinar felizmente por siempre la «bondad» o la «verdad» de un Platón o un Cristo. Esto nos conducirá, finalmente, a la más dura de las verdades que se refieren a la moralidad en ***Más allá del bien y del mal*** (1886), «no existen fenómenos morales en absoluto, solo una interpretación moral de los fenómenos...».

¿Es la virtud una virtud?

Por ejemplo, reflexionemos sobre cómo consideramos a una persona como **virtuosa**. Una persona virtuosa (esto es, buena) es alabada por otros por el bien que les hace a *ellos*. Las virtudes (obediencia, castidad, justicia, laboriosidad, etc.) ¡*perjudicarán* realmente a la persona que las posee! «Si posees una virtud... eres su víctima!». Así, alabamos la virtud en los otros porque *obtenemos ventajas de ella*.

Sin embargo, el poder del concepto «virtud» continúa sin verse desafiado: al igual que la idea de «culpa». A pesar de que los jueces de brujas más lúcidos, e incluso las brujas mismas estaban convencidas de que estas eran culpables de brujería, no existía realmente ninguna culpa. «Así ocurre con toda culpa».

El poder del rebaño

Las creencias morales son siempre, entonces, **creencias de grupo**, y el grupo es mayor que cualquier individuo disidente. «Con la moralidad, el individuo solo puede adscribir valor a sí mismo como una función del rebaño». El rebaño se volverá más adelante una idea central en el pensamiento de Nietzsche sobre los orígenes de la moralidad. La censura y el control morales solo pueden emerger a través del consenso social.

LA MORALIDAD ES EL INSTINTO DE REBAÑO EN EL INDIVIDUO.

Representa el poder de aquellos que son individualmente débiles, pero colectivamente fuertes. Sus leyes morales siempre (ellos esperan que) les protegerán, así como que les justificarán a ellos y a la forma en que viven.

Si las ideas de Nietzsche sobre los orígenes de la moralidad son correctas (si las ideas morales son el simple resultado del interés propio humano y del impulso evolutivo por sobrevivir), entonces ¿qué podemos decir de la religión, esa antigua fuente de principios y mandamientos morales? ¿Y qué será de nuestros dioses? «La religión al completo puede parecer desde la distancia un ejercicio y un preludio». Aquí nos encontramos por primera vez la idea de **la muerte de Dios**.

¡UN PENSAMIENTO TERRIBLE, PERO ESTIMULANTE! TERRIBLE PORQUE NOS SENTIMOS ABANDONADOS POR NUESTRO ANTIGUO PROTECTOR, Y ESTIMULANTE PORQUE, DE REPENTE, NUESTRO MUNDO SE ABRE AL INFINITO. AHORA CUALQUIER COSA ES IMAGINABLE...

Los «espíritus libres» que hay entre nosotros sentirán alegría ante esta noticia: «nuestro corazón rebosa de gratitud, asombro, presentimiento, expectación: por fin el horizonte nos parece de nuevo libre, incluso aunque no sea brillante, por fin nuestros barcos pueden salir de nuevo, sin importar el peligro; está permitida de nuevo toda empresa audaz de conocimiento; el mar, *nuestro* mar de nuevo se abre ante nosotros; quizás nunca había habido un "mar tan abierto"»

En *La gaya ciencia*, Nietzsche coloca la noticia de la muerte de Dios en la boca de un loco. La gente no se fija en él; sin embargo, la imagen es chocante: porta una linterna por la mañana, buscando a Dios por todas partes, a quien no se puede encontrar.

LO HEMOS MATADO, TÚ Y YO. TODOS SOMOS SUS ASESINOS. ¿PERO CÓMO LO HEMOS HECHO? ¿CÓMO FUIMOS CAPACES DE BEBERNOS EL MAR? ¿QUIÉN NOS OTORGÓ LA ESPONJA PARA BORRAR EL ENTERO HORIZONTE?

Al darse cuenta de que nadie le cree, el loco contempla a los transeúntes: «he venido demasiado temprano. Mi tiempo aún no ha llegado. Este gran acontecimiento todavía está en camino, aún está viajando, no ha alcanzado aún los oídos de los hombres... Este hecho se halla aún más distante de ellos que la estrella más distante: **y, sin embargo, ellos mismos lo han hecho**». Más tarde ese día, visita las iglesias del pueblo y entona un *requiem aeternam deo*. «¿Qué son ahora estas iglesias, sino las tumbas y los sepulcros de Dios?».

¿La vida sin Dios?

Actualmente, más de 100 años después, aún estamos luchando con las consecuencias del mensaje del loco.

Una crítica a la ciencia

Las reflexiones de Nietzsche sobre la investigación científica son igual de desafiantes que sus opiniones sobre la moralidad y la religión. La ciencia como un «valor absoluto» (una «nueva religión» para nuestra edad sin Dios) es criticada duramente. La búsqueda de conocimiento *como fin en sí mismo* tiene tan poco sentido como la búsqueda del bien *como fin en sí mismo*, y puede ser igual de dañina.

Si nos preguntamos, «¿la bondad para qué propósito?», también debemos insistir en *¿conocimiento para qué propósito?* El científico también se comporta a menudo como el *sirviente* del conocimiento. En su lugar, hagamos que el conocimiento sea el sirviente del *hombre*.

> HAY MUCHAS COSAS QUE NO QUIERO SABER. LA SABIDURÍA TAMBIÉN IMPONE UN LÍMITE AL CONOCIMIENTO.

Si ignoramos esta advertencia nos convertirnos en adictos del conocimiento, con consecuencias nefastas. «El hecho de que la ciencia tal como se practica hoy día sea posible, demuestra que los instintos elementales que protegen la vida han dejado de funcionar». Cualquier verdad que amenace la vida no es ninguna verdad. **Es un error**.

Los métodos de la ciencia

Nietzsche formula una crítica adicional más radical contra la pretensión de la ciencia de **explicar** el mundo.

Lo llamamos «explicación», pero es una «descripción» que nos distingue de otras fases anteriores de conocimiento y de ciencia. Describimos mejor: explicamos tan poco como cualquiera que nos precedió.

¿Cómo podemos esperar *explicar* el fuego (un cambio en la estructura molecular)?

¿La música (una vibración dentro de un medio gaseoso)?

¿El pensamiento (un cambio en un potencial eléctrico de un sistema biológico)?

Lo que hemos alcanzado son descripciones de cada vez mayor complejidad y sofisticación. *Pero no hemos explicado nada.* Tales fenómenos siguen siendo tan mágicos para nosotros hoy día como para los seres humanos más primitivos.

De la descripción a la imagen

Hemos perfeccionado las **imágenes** de cómo las cosas llegan a ser lo que son (el esperma, el óvulo, el embrión, etc.), «pero no hemos ido más allá de la imagen, o por detrás de ella».

Por ejemplo, describimos una **causa** como que produce un **efecto**, pero esta es una dualidad rudimentaria, como señaló el filósofo escocés **David Hume** (1711-76).

LA CAUSALIDAD ES UNA HERRAMIENTA HUMANA ÚTIL PARA **REPRESENTAR** UN PROCESO DE ACONTECIMIENTOS, PERO NADA MÁS.

LA CAUSA Y EL EFECTO... PROBABLEMENTE NUNCA OCURRAN: EN REALIDAD, ANTE NOSOTROS SE ALZA UN CONTINUO DEL QUE AISLAMOS UN PAR DE PIEZAS... NO **VEMOS** LA CAUSA, LA INFERIMOS.

Así, si cortamos el interminable continuo del mundo en piezas manejables para nuestra digestión, no nos imaginemos que el menú que nos preparemos va a ser el único, o incluso el más sabroso. Sin embargo, ¡la arrogancia de la ciencia insiste en que así es!

«Nos hemos organizado un mundo en el que somos capaces de vivir: postulamos la existencia de los cuerpos, las líneas, las superficies, las causas y efectos, el movimiento y el reposo, la forma y el contenido: sin estos artículos de fe, ¡nadie sería capaz de vivir!».

El psicoanálisis del conocimiento

La religión, la moralidad, la ciencia: su historia es «toda ella demasiado humana». Sus pretensiones de verdad no están a la altura de sus ambiciones. Detrás de estas críticas individuales, podemos comenzar a sentir una desconfianza sobre el pensamiento humano, en general, que tiende hacia una falta de consciencia de sus motivaciones y necesidades más profundas. Prefigurando a Freud, Nietzsche comienza a desarrollar una metacrítica psicológica del conocimiento.

LOS PENSAMIENTOS SON LAS SOMBRAS DE NUESTRAS SENSACIONES: SIEMPRE MÁS OSCUROS, MÁS VACÍOS, MÁS SIMPLES QUE ESTAS.

Es irónico que nos enorgullezcamos de nuestros órganos menos fiables. «La consciencia es el último y más reciente desarrollo de lo orgánico y, consecuentemente, también la parte menos acabada y más débil. De la consciencia proceden innumerables errores que causan que un animal, un hombre, perezca antes de lo necesario».

La interrelación del pensamiento con la sensación, el instinto, el deseo, la necesidad, proporcionarán infinidad de trabajo para los psicólogos y analistas del siglo XX y socavará lentamente la simple creencia racionalista en «los hechos» que aún persiste en nuestro tiempo.

La evolución anti-darwiniana

La conclusión de este período crítico de pensamiento conduce a Nietzsche hacia la imagen de la humanidad como algo que tan solo está emergiendo de su pasado animal; y, en algunos aspectos, aún inferior a los animales. Separado de nuestros comienzos instintivos animales, con una facultad racional peligrosamente hiperdesarrollada, ¿qué será del *Homo sapiens*? Claramente, nos estamos enfrentando aquí a una cuestión evolutiva, ¿pero de qué tipo?

Las formas de vida excepcionales bien puede que se encuentren mal adaptadas para sobrevivir. La historia de las formas evolutivas muestra que: «... se eliminan los accidentes felices, los tipos más evolucionados no llevan a ninguna parte; son los que se encuentran en la media y por debajo de ella los que invariablemente ascienden...». Esta simple progresión biológica no es ningún progreso en absoluto: conduce a la victoria del rebaño.

La evolución de la calidad

Charles Darwin (1809-82) escribe en *El origen del hombre* (1871) que una tribu que consistía en muchos miembros...

«Una nación es un desvío de la naturaleza para llegar a seis o siete grandes hombres. Sí, ¡y para luego esquivarlos!». Una lucha, no por la existencia (Darwin), sino más bien una lucha por la **grandeza**: y, con ella, una lucha por el **poder**. Esta perspectiva altamente antidemocrática de la humanidad como un tipo de «materia prima» de la cual surgirán unos pocos grandes individuos, conduce a la cuestión de las opiniones políticas de Nietzsche, que se encuentran lejos de ser ordinarias...

La política: la moralidad y el Estado

Si las necesidades de una comunidad, expresadas en su moralidad, suponen una amenaza para la libertad individual, entonces debemos abordar la política democrática con escepticismo, pues existe un paralelismo entre la moralidad y la ley.

Comunidad = moralidad
Democracia política = el Estado

Las leyes del Estado surgen como la moralidad lo hace del grupo, a lo grande.

COMO SUJETO POLÍTICO, ES ILUSORIO QUE ME PREGUNTE LO QUE NECESITO DEL ESTADO. EN REALIDAD, SE TRATA DE LO QUE EL ESTADO ME EXIGE.

«Solo aquellos que están fuera de los instintos políticos saben lo que quieren del Estado». *El Estado griego* (1873).

La paradoja de la democracia

Si mi propia voluntad coincide por casualidad con la del grupo, se trata simplemente de un feliz accidente, que plantea la conocida como **paradoja de la democracia**. En una democracia estoy comprometido con dos principios: 1. La voluntad de la mayoría (el Estado); 2. Mi propia voluntad. Desafortunadamente, ¡no existe una razón necesaria por la que estos dos principios debieran coincidir alguna vez!

CLARAMENTE, LA VOLUNTAD DEL INDIVIDUO SE DISUELVE ANTE LAS DEMANDAS DEL GOBIERNO: UN TIPO DE **DARWINISMO POLÍTICO**. EL REBAÑO TRIUNFA DE NUEVO, ESTA VEZ, BAJO EL ESTANDARTE DEL ESTADO.

«CUANTO MEJOR ESTÉ ORGANIZADO EL ESTADO, MÁS ABOTARGADA ESTARÁ LA HUMANIDAD». *NOSOTROS LOS FILÓLOGOS* (1875).

«¡EL MENOR ESTADO POSIBLE». *AURORA* (1880).

La invitación a un partido político

Sin embargo, aún hoy seguimos predicando
la doctrina de que el Estado es
la forma de sociedad más
civilizada, y nuestra mayor
obligación, servirle. Nietzsche
responde...

QUIENQUIERA QUE PIENSE DEMASIADO
NO ES APTO COMO HOMBRE DE PARTIDO.
SU PENSAMIENTO LE CONDUCIRÁ DEMASIADO
RÁPIDO MÁS ALLÁ DEL PARTIDO.

Con la ayuda de un conjunto de aforismos, podemos resumir
rápidamente el pensamiento de Nietzsche sobre los partidos
políticos de la época.

El liberalismo

«El término educado para mediocre es la palabra "liberal"».

«La liberalidad es, a menudo, una mera forma de timidez en los
ricos».

El socialismo

«Siempre habrá demasiada gente con propiedades [riqueza] como
para que el socialismo signifique algo más que una enfermedad».

«El socialismo es el hermano fantástico más joven de un
despotismo casi decrépito al que quiere suceder».

El conservadurismo

«Los conservadores de todas las épocas son mentirosos
adventicios».

«La doctrina del libre albedrío es una invención de las clases

La política: la prostitución del intelecto

Las representaciones mediáticas de nuestra propia época (tan necesarias para el control político sobre culturas enteras) fueron anticipadas por Nietzsche. «¿No es necesario que el hombre que quiere conmover a la multitud ofrezca una representación escénica de sí mismo?». Como de hecho fue el declive de nuestra opinión sobre los políticos en general. «El ladrón y el hombre con poder que promete proteger a la comunidad de los ladrones son, en el fondo, seres del mismo molde, pero el último alcanza sus fines por medios diferentes a los del primero».

De nuevo, estamos invitados a mirar lo que hay detrás de los motivos y de los «ideales» ofrecidos por los políticos como justificación de su poder político.

NO ES SU DESEO DE PODER LO QUE CRITICO, ESO ES COMPLETAMENTE NATURAL, SINO LA TERGIVERSACIÓN DEL MISMO QUE ES ENDÉMICA EN NUESTRAS INSTITUCIONES POLÍTICAS.

«La política puede que un día resulte tan vulgar como para que se la describa, junto con todo el periodismo de partido, bajo el rótulo: "Prostitución del intelecto"».

La política: la muerte de la verdad

Niccolò Machiavelli (1469-1527) había criticado de forma similar a los gobernantes políticos por su tendencia a hacer pasar el interés propio por tomas de decisiones racionales e inevitables. A pesar de que sus ideas políticas (era un republicano acérrimo) están lejos de la condena general a la política de Nietzsche, precede a este en sus observaciones sobre cómo los gobernantes se comportan realmente, y sobre su necesidad de actuar **de forma expeditiva**. En sus *Discursos* (1513-21), Maquiavelo escribió esto sobre los gobernantes de la Iglesia en Italia.

> CUANTO MÁS CERCA SE ENCUENTRA LA GENTE DE LA IGLESIA DE ROMA, QUE ES LA CABEZA DE NUESTRA RELIGIÓN, MENOS RELIGIOSA ES...

Los argumentos de Maquiavelo para lograr el éxito en la política conducen, en última instancia, a la cuestión de cuánto poder posee el gobernante, y no cuánta «justicia» u «honor» se asocia con su causa. La Victoria Aliada en la Segunda Guerra Mundial solo muestra que el Poder prevalece. Todos los bandos creen *siempre* que el Derecho es su aliado.

Nietzsche concluye: «el tipo de perfección en la política es, por supuesto, el maquiavelismo». Pero solo en el caso de que debamos de tener política. «El hombre con *furor philosophicus* dentro de él ya no tendrá tiempo para el *furor politicus*, y sabiamente se mantendrá al margen de leer los periódicos o de servir a un partido».

Así habló Zaratustra

En febrero de 1883, el propio *furor philosophicus* de Nietzsche alcanzó nuevas cotas cuando, en Rapallo, Italia, donde había pasado el invierno, escribió en solo diez días la primera parte de su obra más conocida, *Así habló Zaratustra*.

Su intensa soledad, tras la aventura con Lou Andreas-Salomé, queda reflejada claramente en el carácter de Zaratustra.

Tiene una cualidad mesiánica, sin embargo, rechaza a aquellos que se le acercan como discípulos. Al final de la parte cuarta, completada dos años más tarde, Zaratustra habla solo consigo mismo.

El título del libro se refiere al sánscrito *Iti vuttakam*, «Así habló el Santo». **Zaratustra** o **Zoroastro** (c. 628-551 a.C.) fue un profeta que fundó la Zendavesta, la religión de Persia antes del islam, que sobrevive hoy día en India entre los parsis.

RECONOZCO DOS PRINCIPIOS, EL BIEN Y EL MAL, PERSONIFICADOS COMO DIOSES BELIGERANTES. EL BIEN VENCERÁ AL FINAL, LOS MUERTOS RESUCITARÁN Y CREARÁN EL PARAÍSO EN LA TIERRA.

EN SU RELIGIÓN, LA MORALIDAD ERA UN FIN METAFÍSICO EN SÍ MISMO. LO ESCOGÍ A ÉL PARA **CORREGIR** SUS PROPIOS ERRORES, ¡Y PARA EXPONER ABIERTAMENTE LA MORALIDAD COMO UN FRAUDE!

Zaratustra debe ahora alzar su voz no a favor de la metafísica, sino en nombre de la tierra, del cuerpo y, sobre todo, del Superhombre.

El oráculo habla

El libro señala una nueva dirección: los angustiosos desahogos
de un ser que ha alcanzado el límite de los asuntos humanos.
«¡Se debe hablar con truenos y fuegos artificiales celestiales
a los sentidos débiles y adormecidos!». Zaratustra es una mezcla
extraordinaria de percepción mística, poesía, anhelos
e intuiciones.

TODA VERDAD ESTÁ TORCIDA.
EL TIEMPO MISMO
ES UN CÍRCULO.

Ciertamente, ¡un retorno al espíritu dionisíaco! Más tarde, en su
autobiografía *Ecce Homo* (1888), Nietzsche habla de su experiencia
al escribir *Zaratustra*. «Si a alguien le quedara el más mínimo rastro
de superstición, sería difícil negar la idea de que ese es la encarnación,
el portavoz y el medio de fuerzas omnipotentes».

De hecho, es más la obra de un poeta que la de un filósofo. Aunque *Zaratustra* está lejos de ser un tratado filosófico, podemos identificar en él tres enseñanzas principales.

1. *El Superhombre.*
2. *La voluntad de poder.*
3. *El eterno retorno.*

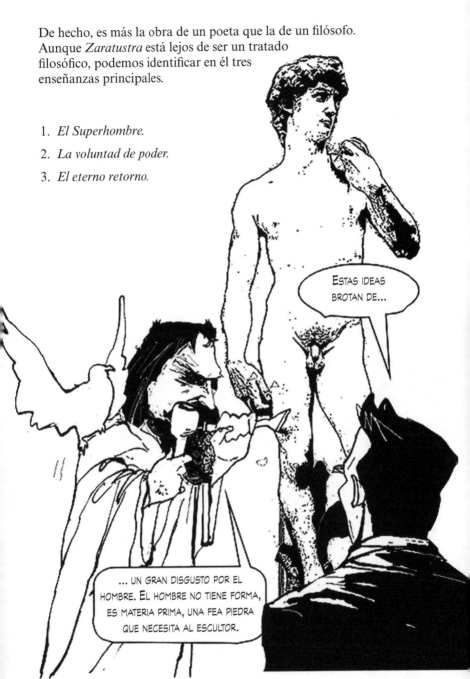

ESTAS IDEAS BROTAN DE...

... UN GRAN DISGUSTO POR EL HOMBRE. EL HOMBRE NO TIENE FORMA, ES MATERIA PRIMA, UNA FEA PIEDRA QUE NECESITA AL ESCULTOR.

La tarea de Zaratustra es diagnosticar las enfermedades actuales y dar instrucciones para alcanzar un futuro mejor.

A pesar de que las enseñanzas de Zaratustra son la esencia del libro, gran parte del texto está dedicada a la disección psicológica implacable del hombre moderno, de la vacuidad de sus valores y creencias. Esta es una imagen de una sociedad nihilista y contraria a la vida, que fomenta la mediocridad y desconfía de la originalidad.

Zaratustra ve a su alrededor una enfermedad general.

Indiferencia *hacia la vida (nihilismo).*

Hipocresía *en la moral (y en la religión).*

Miedo *a lo desconocido.*

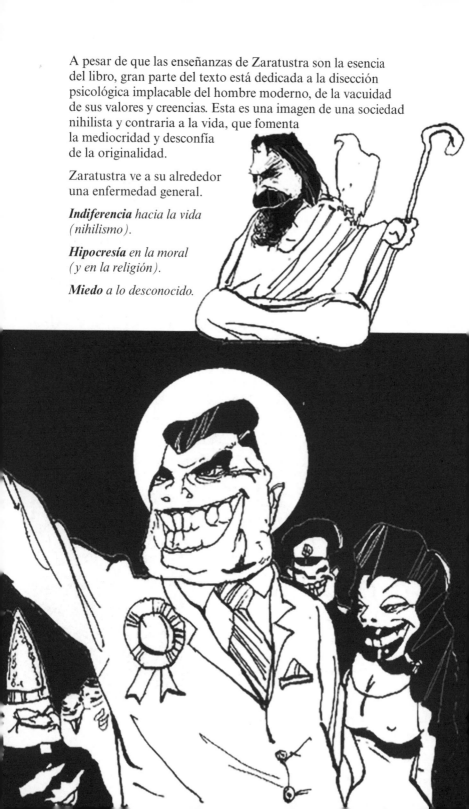

Sobre el nihilismo

Demasiada información causa indigestión al espíritu. Si viajamos lejos por este camino, puede que «nos atragantemos con nuestra propia razón». Es el camino hacia el **nihilismo**. El verdadero conocimiento debe ser **útil** para los proyectos de la acción humana.

Sobre la hipocresía virtuosa

La creencia en «lo virtuoso» es una forma de hipocresía. Cuando la gente dice «la virtud es necesaria», en realidad está diciendo «la policía es necesaria», pues lo que anhelan es una sociedad tranquila, ordenada y segura, en la que estarán bien atendidos.

Aún peor, esperan una **recompensa** de su dios por ser virtuosos. ¿Es esto amor a la virtud?

CUERPO SOY POR COMPLETO, Y NADA MÁS; ¡Y EL ALMA ES SOLO EL NOMBRE DE ALGO EN EL CUERPO!

«Los enfermos y los que se están muriendo; fueron ellos los que despreciaron el cuerpo y la tierra, e inventaron el mundo celestial y las gotas de sangre redentoras: ¡pero incluso esos dulces y tristes venenos los tomaron prestados del cuerpo y de la tierra!». ¿Sería posible el arrebato del «éxtasis celestial» *sin un cuerpo*?

Sobre el miedo

«Porque hoy las gentes mezquinas [las masas] se han convertido en amos y señores; predican la sumisión, la conformidad, la prudencia, la diligencia y la consideración...»

Detrás de esta idea está el miedo a hacer, arriesgar y buscar el destino de cada uno. El miedo a querer demasiado y enfrentarse al fracaso.

POSEE CORAZÓN QUIEN CONOCE EL MIEDO, PERO LO DOMINA; QUIEN VE EL ABISMO, PERO LO VE CON ORGULLO.

Este miedo moderno al dolor y al sufrimiento solo muestra que no hemos sufrido lo *suficiente*. Todo conocimiento requiere un precio

¿Qué es «el Superhombre»?

Las ideas de Nietzsche sobre la evolución de la cualidad allanan el camino para la doctrina, a menudo incomprendida, del Superhombre (*Übermensch* o «sobrehombre»). El término aparece en la obra del satírico griego **Luciano** (c. 120-180 d.C.) como *hyperanthropos*, y en la primera parte del *Fausto* de **J.W. von Goethe** (1749-1832). Normalmente se comprende en términos evolutivos: un desarrollo inevitable hacia nuevas formas de vida.

PERO ESTA ES UNA MALA COMPRENSIÓN DARWINIANA DEL SUPERHOMBRE...

Zaratustra considera que el Superhombre está lejos de ser inevitable: más bien, como un desafío extremo para el espíritu humano. En realidad, el Superhombre puede que **nunca** se materialice, pero Nietzsche insiste en que tenemos la obligación de esforzarnos para alcanzar tal condición.

El dominio de uno mismo

Nietzsche invoca a veces una imagen engañosamente darwiniana: «¿Qué es el simio para el hombre? Un objeto de irrisión o una vergüenza dolorosa. Y precisamente eso será el hombre para el Superhombre: un objeto de irrisión o una vergüenza dolorosa».

Sin embargo, esta «vergüenza» no será un ancestro fósil genéticamente inferior. Podría, en su lugar, ser el resultado del cambio durante la vida de un único individuo.

LA «SUPERACIÓN» DEL HOMBRE ES, DE HECHO, LA SUPERACIÓN DE UNO MISMO: EL DOMINIO DE LOS DESEOS PROPIOS Y DE SU USO CREATIVO.

LA MAYOR CREACIÓN DEL SUPERHOMBRE ES: ÉL MISMO.

Podemos hacer una comparación irónica con el proyecto cristiano de superar las propias debilidades humanas en la búsqueda por la salvación del alma. Pero en las primeras páginas del libro ya se nos recuerda: «¿Podría ser posible? Este viejo santo que habita en su bosque aún no ha escuchado que **Dios ha muerto**».

Solo el proyecto más ambicioso puede ocupar el vacío dejado por la muerte de Dios: el Superhombre es la única justificación posible que nos queda.

LA GRANDEZA DEL HOMBRE CONSISTE EN SER AMADO EN EL HOMBRE ES PUENTE, Y NO META; LO QUE A TRAVÉS Y HACIA ABAJ

«Hacia-abajo» en alemán es *untergehen*, como en una puesta de sol, un morir, un destruir.

Más tarde, en *La genealogía de la moral*, Nietzsche conectará al Superhombre con el espíritu «noble» que vive y desea en oposición a la gente común que «pide muy poco a la vida». Zaratustra ha despreciado al hombre ordinario que «hace todo pequeño. Su raza es tan inextingible como las pulgas». Sin embargo, acusar a Zaratustra de inhumanidad es no entenderlo.

¡SOLO AL DEJAR ATRÁS NUESTRA HUMANIDAD PODEMOS ABRAZAR AL SUPERHOMBRE!

EL HOMBRE ES UNA CUERDA, TENDIDA ENTRE EL ANIMAL Y EL SUPERHOMBRE: UNA CUERDA SOBRE UN ABISMO. UNA PELIGROSA TRAVESÍA, UN PELIGROSO CAMINO, UNA PELIGROSA MIRADA RETROSPECTIVA...

¿Un futuro humano o poshumano?

El miedo recurrente de Zaratustra es que el tiempo no sea el adecuado para sus enseñanzas: «La turba se podría convertir en amo, y ahogarse para siempre en aguas poco profundas». La doctrina del Superhombre es, quizá, tan aterradora para nosotros hoy en día como lo era en 1883. Si es así, ¡entonces los tenderos heredarán la tierra!

CRUCIFICAN A QUIEN ESCRIBA NUEVOS VALORES SOBRE NUEVAS TABLAS DE LA LEY, SACRIFICAN SU FUTURO: ¡CRUCIFICAN TODO EL FUTURO DE LA HUMANIDAD!

Y, así, nosotros las personas (¿tú y yo?) nos aferraremos a nuestra felicidad, a nuestras comodidades y a nuestros dioses. Nos aflige un cansancio de espíritu, «un pobre ignorante cansancio, que ya no quiere siquiera querer: que creó todos los dioses y mundos de ultratumba».

La Voluntad de Poder

Claramente, el desafío del Superhombre requiere una actitud mental que Nietzsche encontró que faltaba en su propia cultura. Una actitud así requiere un nivel extraordinario de coraje. Zaratustra lo denomina **la Voluntad de Poder**. Nietzsche encontró esta idea en Schopenhauer.

EL IMPULSO FUNDAMENTAL EN TODAS LAS CRIATURAS ES LA VOLUNTAD DE VIVIR.

SIN EMBARGO, MÁS ALLÁ DE ESTA VOLUNTAD SE ENCUENTRA OTRO IMPULSO.

Cualquier criatura que arriesgue su vida de forma deliberada por cualquier motivo está negando la «Voluntad de Vivir». En tal situación, la criatura muestra algo aún más fundamental: la Voluntad de Poder.

Superficialmente, la idea de la Voluntad de Poder sugiere un crudo principio: la victoria del más fuerte. Pero, fundamentalmente, es un principio psicológico del comportamiento humano que todo ser busque extender su esfera de acción e influencia: que se consolide a sí mismo.

En la sección «de la superación personal», Zaratustra dice: «la voluntad del más débil le persuade para servir al más fuerte; su voluntad quiere mandar sobre aquellos que son aún más débiles: es lo único a lo que no está dispuesto a renunciar.

Y, ASÍ COMO EL MENOR SE RINDE AL MAYOR, DE MANERA QUE PUEDA TENER DELEITE Y PODER SOBRE EL MENOR DE TODOS, ASÍ TAMBIÉN EL MÁS GRANDE SE RINDE Y POR EL PODER SE JUEGA: LA VIDA MISMA.

Cuanto mayor es la voluntad, mayor es la apuesta que hace, e incluso el más débil puede «entrar mediante caminos secretos en el castillo y en el corazón del más poderoso, y robar su poder».

La auto-obediencia

La fuerza de voluntad puede sobrepasar al mayor poder de las armas, sin embargo, la superación más difícil será la **superación de uno mismo**: «quien no pueda obedecerse a sí mismo será mandado».

... MANDAR ES MÁS DIFÍCIL QUE OBEDECER... PUES EL QUE MANDA SOPORTA LA CARGA DE TODOS LOS QUE LE OBEDECEN, Y ESA CARGA PUEDE APLASTARLE FÁCILMENTE.

También es difícil porque la voluntad de poder debe encontrar en sí misma sus **propias** razones para lo que hace, no en las de otros. No sorprende que Nietzsche considere que esta filosofía es «agotadora», pues junto a la responsabilidad total de cada acción va la exigencia de crear un **valor** propio para esa acción.

El espíritu libre

Claramente, el hombre superior o «espíritu libre» que puede
encarnar totalmente la voluntad de poder es un ser que aún no se
ha visto, a pesar de que Nietzsche sostiene que ciertos individuos
históricos se aproximan a ese ideal: Julio César, Goethe,
Napoleón.

La crítica encuentra normalmente en estas doctrinas la imagen
de un individuo egoísta, sin escrúpulos e interesado.
Pero Nietzsche no permitirá que esto cuente
en contra de su posición.

> CON EL RIESGO DE DESAGRADAR
> A LOS OÍDOS INOCENTES, SOSTENGO QUE EL
> EGOÍSMO PERTENECE A LA ESENCIA DE UN ALMA
> NOBLE... Y QUE TIENE SU BASE EN LA LEY
> FUNDAMENTAL DE LAS COSAS.

Con respecto a la acusación de «interesado», podría responder:
«¿A quién más querríamos servir, si no a nosotros mismos»? Aquí,
como en otras partes, encontramos a su antigua oponente, la ética
cristiana (¿o éticas?) bajo la lupa.

El círculo del tiempo

La tercera doctrina de Zaratustra (el eterno retorno de las cosas) muestra un lado más humano (más que sobrehumano) de su carácter, ya que ofrece un consuelo metafísico para nuestros sentimientos de abandono ante la pérdida de nuestros dioses.

En «De la visión y el enigma», Zaratustra describe dos caminos.

En este portal hay una inscripción: «El momento». Una eternidad yace tras de mí, y una eternidad está trás él y también ante él; una cadena interminable de acontecimientos en la que está involucrado de forma inextricable.

Un consuelo pesimista

Si «el eterno retorno» nos ofrece la promesa de una eternidad, esta no tiene un «final feliz», pues no ofrece ningún final. Como el castigo de Sísifo en el mito griego, estamos condenados a una terrible repetición de los acontecimientos durante toda la eternidad. Esta falta de propósito o final (una forma de sinsentido que se hace eco del «deseo infinito» de la filosofía de Schopenhauer), añade un matiz pesimista a las enseñanzas, por lo demás, alegres de Zaratustra.

De nuevo encontramos aquí un énfasis en «el momento» (en nuestra **acción** y **voluntad** presentes) y lo que siga, sea esto lo que sea, está ligado a ello para toda la eternidad.

PERO DONDE SCHOPENHAUER PREDICA LA RESIGNACIÓN, YO ENSEÑO EL DESAFÍO, PUES EL SUPERHOMBRE Y LA VOLUNTAD DE PODER SON, PRINCIPALMENTE, DOCTRINAS AFIRMADORAS DE LA VIDA.

Poco después de completar la primera y segunda partes de *Así habló Zaratustra*, Nietzsche recibió la noticia de la muerte de Richard Wagner. Durante el resto de su vida, lucharía contra el fantasma de Wagner.

FUE, DE LARGO, EL HOMBRE MÁS **COMPLETO** QUE CONOCÍ.

En una carta a Peter Gast cuenta lo difícil que era ser el enemigo del hombre al que más había venerado. A pesar de ser totalmente insincero respecto de su deseo de grandeza, Wagner, sin embargo, encarnó las virtudes del «hombre superior». A pesar del antisemitismo de Wagner, su cristianismo y sus infidelidades, Nietzsche nunca pudo renunciar a él por completo. Su muerte solo sirvió para incrementar la sensación de Nietzsche de estar aislado del mundo.

Los alemanes y los judíos

En esta época abandonó todos los pensamientos de vivir en Alemania. Al año siguiente (1884), Nietzsche se reunió con su hermana en Zúrich.

Cada vez más, Nietzsche identificaba todo tipo de locura en el carácter alemán, y defendía con frecuencia a los judíos frente al racismo alemán. «Los judíos son, más allá de toda duda, la raza más fuerte, dura y pura que vive en la actualidad en Europa».

Es una insensatez, dice, culpar a los judíos como las cabezas de turco de todos los infortunios públicos posibles. A esto lo llama la «falacia genética»; juzgar a una persona sobre sus orígenes en lugar de por sus acciones. Observa que «cada nación, cada individuo, tiene cualidades desagradables e, incluso, peligrosas. Sería cruel exigir a los judíos que fueran una excepción».

SIEMPRE HE ENCONTRADO A LOS JUDÍOS MÁS INTERESANTES QUE LOS ALEMANES.

De la cultura judía, dice: «los judíos, con Heinrich Heine y Offenbach, se aproximaron al genio en la esfera del arte». Pero a la moralidad judía, junto con la cristiana, la criticaba de forma severa.

Anti-Alemania

Los alemanes proporcionan amplio material para el amor de Nietzsche al aforismo.

En Alemania, escribir mal se considera un privilegio nacional.

Un alemán es capaz de grandes cosas, pero es improbable que las logre, pues obedece siempre que puede, como resultado de poseer un intelecto perezoso por naturaleza.

El intelecto alemán es indigestión.

Los pocos ejemplos de alta cultura que he encontrado en Alemania tuvieron su origen en Francia.

Los alemanes tienen un gran conocimiento de la cultura, pero no son cultos.

Todo gran crimen contra la cultura cometido en los últimos cuatro siglos está en la conciencia de los alemanes.

Dondequiera que Alemania extienda su influencia arruina su cultura.

Si tales observaciones se hubieran recogido en un único volumen, sin duda los nazis lo habrían quemado.

Más allá del bien y del mal (1885-6)

Este libro resume la campaña implacable de Nietzsche contra los «ídolos eternos». Ya deberíamos saber a qué «ídolos» se refiere. En *El crepúsculo de los ídolos* (1888), habla de «filosofar con un martillo **como con un diapasón**» para comprobar lo huecos que están estos ídolos eternos.

A pesar de que *Más allá del bien y del m* abarca la amplitud de los intereses de Nietzsche, lo usaremos principalment como una introducción a su posterior análisis de gran alcance de la moralidad, *La genealogía de la moral* (1887).

104

La carencia de honestidad de la filosofía

Tan pronto como se menciona la palabra «verdad», los filósofos comienzan a hacer un «ruido poderoso y virtuoso». No es sorprendente, dado el significado griego de «filósofo» (*filo* = amante [de] *sofía* = sabiduría, verdad). Sin embargo, esta relación especial de propiedad con la verdad que afirman tener los filósofos no está realmente justificada.

LA VERDAD ES UN TIPO DE ERROR SIN EL QUE NO PUEDE EXISTIR CIERTA ESPECIE DE SERES VIVOS. EL VALOR DE LA VIDA ES DECISIVO EN ÚLTIMA INSTANCIA.

Los filósofos creen que sus teorías se producen a través de un proceso desapasionado, objetivo y racional, una «dialéctica fría, pura, divinamente imperturbable», que les gusta contrastar con los esfuerzos subjetivos y poco fiables de los místicos y otros por el estilo.

Sin embargo, en realidad, la reflexión de los filósofos siempre viene precedida por un deseo, un prejuicio, una inspiración o «deseo del corazón», esto es, una necesidad o creencia irracionales a la que proceden a hacer abstracta y a defender con la razón.

O, como bien dijo el matemático y filósofo francés **Blaise Pascal** (1623-62)...

EL CORAZÓN TIENE SUS RAZONES QUE LA RAZÓN NO ENTIENDE.

DICHO DE FORMA MÁS SIMPLE, LA FILOSOFÍA CONSISTE EN VESTIR CON ARGUMENTOS RACIONALES LAS CREENCIAS MORALES, LAS INTUICIONES Y LOS DESEOS.

Kant, con sus «sendas dialécticas», y **Baruch Spinoza** (1632-77), con sus métodos y fórmulas geométricas, son ambos, en el fondo, «viejos moralistas y predicadores morales». Nietzsche no quiere dar a entender que la filosofía jamás podrá realizar más que esta actividad limitada. Simplemente quiere que los filósofos reconozcan la verdadera naturaleza de sus «investigaciones».

UN MAYOR AUTOCONOCIMIENTO NO CONDUCE A TEORÍAS MÁS VÁLIDAS, PERO, AL MENOS, NOS OFRECERÁN UNA IMAGEN MÁS CLARA DE LO QUE HACEMOS CUANDO FILOSOFAMOS.

O, como dijo el filósofo inglés **F.H. Bradley** (1846-1924): «La metafísica es encontrar las malas razones para lo que creemos por instinto».

De la religión

Aquí encontramos la exposición más clara de Nietzsche de la
naturaleza de la religión y del propósito de la religión organizada (el
cristianismo, el budismo, etc.). La palabra «naturaleza» la podemos
sustituir por «neurosis», pues Nietzsche no encuentra en la religión
nada natural.

LA NATURALEZA RELIGIOSA SIGUE
EL CAMINO DE LA **AUTONEGACIÓN**, USANDO
LA SOLEDAD, EL AYUNO Y LA ABSTINENCIA
SEXUAL.

La historia ha sido testigo
de numerosas «epidemias»
religiosas (por ejemplo, la
Inquisición, el fundamentalismo),
¡pero la aflicción siempre
ha existido a cierto nivel!

Su mayor fenómeno es **el santo**, a quien han respetado incluso los más grandes gobernantes. Ven correctamente en este la fuerza de una voluntad poderosísima, tan fuerte que puede cargar con la mayor autonegación nunca vista.

De la fe

¿Cuál es la «fe» que nos exige la religión? Nietzsche responde a esta pregunta con el ejemplo de Pascal, cuya creencia religiosa impuso severas restricciones al alcance de su obra intelectual.

UNO DE LOS DESCONCIERTOS DE LOS CONDENADOS SERÁ EL QUE LO SERÁN POR SU PROPIA RAZÓN, CON LA QUE HAN AFIRMADO QUE REFUTABAN LA RELIGIÓN CRISTIANA.

SU FE SE ASEMEJA DE UNA FORMA TERRIBLE A UN SUICIDIO PROLONGADO DE LA RAZÓN...

«La fe cristiana es sacrificio desde el principio: sacrificio de toda libertad, de todo orgullo, de toda autoconfianza espiritual y, al mismo tiempo, esclavitud y burla de sí mismo, automutilación».

El filósofo danés **Søren Kierkegaard** (1813-55) llamó a la fe «locura divina», un «absurdo» que requería un «salto» sobre nuestra facultad de la razón. Él es otro de los blancos de Nietzsche.

UNA CONDICIÓN EN LA QUE NO EXISTA DESESPERACIÓN ALGUNA ES TAMBIÉN LA FÓRMULA PARA CREER... EL YO SE FUNDAMENTA DE FORMA TRANSPARENTE EN EL PODER QUE LO CONSTITUYÓ.

DE NUEVO, AUTOSACRIFICIO. EN ESTE CASO, ¡PARA SALVAR SU ESPÍRITU DE LA DESESPERACIÓN!

Sacar el máximo provecho del sufrimiento

Irónicamente, encontramos elogios a la religión cuando sirve al hombre común.
La mayoría de la humanidad encontrará un gran consuelo en las enseñanzas
religiosas.

Sobre la historia natural de la moral

Nietzsche estaba preparando el terreno para su *Genealogía de la moral* (1887). En una serie de observaciones agudas, catalogó los fenómenos que han dado auge, durante milenios, a nuestra concepción actual de la moralidad. Identificó una condición **premoral**, provocada por el hecho de vivir en grupo o sociedad, que merece la pena citar al completo.

«... dado que desde que ha habido seres humanos ha habido también rebaños humanos (grupos familiares, comunidades, tribus, naciones, Estados, iglesias), y siempre son muchos los que obedecen, en comparación al número muy pequeño de los que mandan, considerando, es decir, que hasta ahora no se ha practicado ni cultivado nada entre los hombres mejor, o durante más tiempo, que la **obediencia**, es justo suponer que, por regla general, su necesidad es ya innata, como una especie de **conciencia formal** que ordena: no debes hacer esto incondicionalmente, no hagas aquello incondicionalmente, en resumen, "deberás". Esta necesidad busca ser satisfecha y sus formas rellenadas con un contenido: al hacerlo se agarra de forma salvaje, de acuerdo con el grado de su fuerza, de su impaciencia y de su tención, con poca discriminación, como un crudo apetito, y acepta cualquier cosa que cualquiera que esté al mando (padre, profesor, ley, prejuicio de clase, opinión pública) le grite al oído».

El gobernante como siervo

Nietzsche señala que aquellos que están al mando mantendrán normalmente su autoridad sobre el grupo al proclamar que representan una autoridad aún *más elevada*: los ancestros, la justicia, la ley o, incluso, Dios. Con frecuencia, se ve implicada una buena cantidad de autoengaño o mala fe. La reina Isabel II es la «defensora de la fe» de Gran Bretaña. El presidente de los EE.UU., es «el primer siervo del pueblo».

El mal

Los aforismos finales de Nietzsche también se pueden encontrar en *Más allá del bien y del mal*. A pesar del título, el concepto de «mal» no es central en su pensamiento de esta época. Se encuentra relacionado de forma inextricable con la moralidad cristiana: un estado anterior (¿premoral?) no encontraría utilidad para esta idea.

LO QUE UNA ÉPOCA SIENTE QUE ES EL MAL ES NORMALMENTE UN INOPORTUNO ECO POSTERIOR DE LO QUE ANTES SE PENSABA QUE ERA BUENO: EL ATAVISMO* DE UN IDEAL MÁS ANTIGUO.

LA IDEA DE NIETZSCHE DEL ATAVISMO INFLUENCIÓ EN MI CUADRO RUPTURISTA DE 1907, *LES DEMOISELLES D'AVIGNON*, PRECURSOR DEL CUBISMO.

Así pues, la magia, la impiedad, la adoración de falsos dioses (¿satanismo?), el comportamiento irracional (¿esquizofrenia?), el erotismo: todos ellos se han clasificado como fenómenos «malos» desde el punto de vista de grupo en un momento u otro. Esto es así porque elevan al individuo por encima del grupo, amenazando, así, a la mayoría. ¡Que se llame malo a lo que suponga una amenaza!

Atavismo: reversión hasta un tipo anterior.

Algunos de los aforismos y máximas psicológicas más profundos que encontramos en las obras de Nietzsche también se encuentran aquí formulados. No siempre permiten una interpretación única.

Sobre la locura

LA LOCURA ES ALGO RARO EN LOS INDIVIDUOS: PERO EN GRUPOS, PARTIDOS, PUEBLOS, EDADES, ES LA NORMA.

QUIEN LUCHA CON MONSTRUOS DEBERÍA FIJARSE EN QUE NO SE CONVIERTA ÉL MISMO EN UNO DE ELLOS. CUANDO MIRES AL ABISMO, TEN CUIDADO DE QUE EL ABISMO NO TE MIRE A TI.

Sobre el amor

Sobre la verdad

Se deja de amar lo suficiente el conocimiento propio cuando este se ha comunicado.

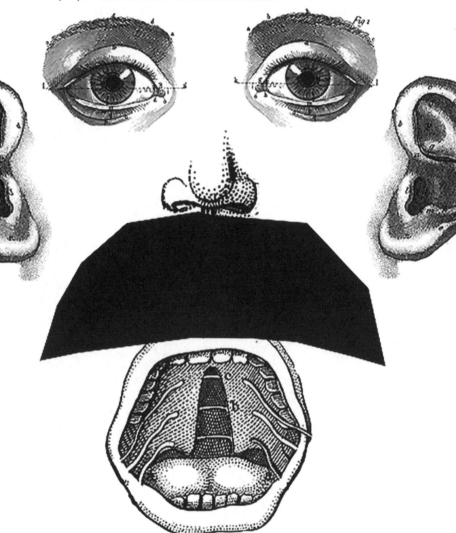

Toda credibilidad, toda buena conciencia, toda evidencia de la verdad proviene solo de los sentidos.

Cuanto más abstracta sea la verdad que queremos enseñar, más debes atraer los sentidos hacia ella.

Ya hemos visto el aforismo más famoso de Nietzsche sobre la moralidad...

«No existen fenómenos morales, solo una interpretación moral de los fenómenos...»

Las reverberaciones de esta proposición radical siguen resonando y reaparecen de diversas maneras. Para el ateísmo científico, esto sugiere que solo se puede estudiar y conocer el mundo material o físico.

La moralidad es un sinsentido. O como lo expresa Wittgenstein...

NO HAY PROPOSICIONES DE LA ÉTICA.

PARA LA GENTE RELIGIOSA, ¡SUGIERE QUE NIETZSCHE ES UN AGENTE DEL DIABLO!

Para los psicoanalistas, siguiendo las enseñanzas de **Jacques Lacan** (1901-81), plantea la cuestión del **deseo** del sujeto que habla.

TODA INTERPRETACIÓN NECESITA UN **DESEO** EN SU INICIO.

Si nos acercamos a Nietzsche y preguntamos por qué quiere negar cualquier estatus fáctico a los «fenómenos morales», se nos recuerda su insistencia en que **cualquier** sistema moral tiene un fin práctico: controlar el comportamiento humano.

Ciertamente, nuestro pensamiento intentará dar forma a los fenómenos según aparecen (produciendo una visión humana del mundo), pero Nietzsche insiste en que no tomemos este producto de nuestros esfuerzos como si tuviera cualquier tipo de estatus objetivo por sí mismo. Por tanto, «no hay fenómenos morales».

El amo y el esclavo

Nietzsche ha identificado ya hasta aquí una brecha central en la historia del sentimiento moral, entre aquellos que aceptan y obedecen un código moral (y le dan la bienvenida por su propia autoprotección) y aquellos otros que (siendo individuos poco corrientes) no aceptarán otra autoridad que no sea la suya propia. Estos grupos tienen una relación simbiótica de amo y esclavo. Nietzsche señala que tal división no es nunca total. De hecho, ambos espectos pueden coexistir infelizmente (¿?) dentro de un mismo individuo. Esto niega la relación clásica amo-esclavo propuesta por **G.W.F. Hegel** (1770-1831) que considera que los términos son mutuamente exclusivos.

SUGERÍ QUE EL ESCLAVO SE IRÁ DESPLAZANDO GRADUALMENTE HACIA LA INDEPENDENCIA DEL AMO.

¡NO, LO CIERTO ES LO OPUESTO!

En opinión de Nietzsche, la mentalidad del esclavo se profundiza y perfecciones a lo largo de los milenios en una resistencia más implacable hacia el amo. Esta resistencia nunca superará esa «voluntad de poder» que posee el «espíritu verdaderamente libre».

Ética aristocrática

El prototipo del «espíritu libre» en la ética encuentra su origen en las culturas aristocráticas como la de la antigua Grecia. Aquí, la idea de «bueno» está asociada con «... los estados anímicos exaltados y orgullosos que se considera que distinguen y determinan el orden del rango» (esto es, el orden social).

En tales culturas, no existe la idea de **bien/mal**, sino más bien la de **noble/innoble**. Estos términos se aplican a las personas, no a las acciones.

BUENO = NOBLE = DE CARÁCTER EXCEPCIONAL.

MALO = INNOBLE = DE CARÁCTER DESPRECIABLE.

A ESTE SISTEMA DE VALORES LO LLAMO ÉTICA ARISTOCRÁTICA.

¡Pero Nietzsche se esfuerza en señalar que el hecho de simplemente haber nacido dentro de la clase aristocrática no garantiza el carácter excepcional! Este sería otro caso de falacia genética (ver en pág. 101). Esta ética es fundamentalmente **autocreadora**: «el tipo de hombre noble se considera a sí mismo como determinador de valores». También podemos denominarla ética de los amos.

Ética del esclavo

La ética del esclavo, que Nietzsche explora de forma más completa en *La genealogía de la moral*, representa las ideas del «bien» y del «mal» de forma bastante diferente.

BUENO = SERVIL = DÉBIL, HUMILDE.

MALO = MALVADO = DAÑINO PARA LA MAYORÍA MÁS DÉBIL.

¡UNA INVERSIÓN COMPLETA DE LA ÉTICA ARISTOCRÁTICA!

En última instancia, la elección es sencilla. O creamos nuestros valores para nosotros mismos o acatamos (sin querer) los valores de otros. Históricamente, la ética del esclavo ha predominado, pero ocasionalmente encontramos la voluntad de trascenderla y, así, ir «más allá del bien y del mal».

El hombre apartado

El libro de Nietzsche pasó prácticamente inadvertido en Alemania durante su vid
No encontró editor para la cuarta parte de *Zaratustra* («Un libro para todos o
ninguno», acabado a principios de 1885), de modo que se pagó él mismo la
impresión de 40 copias. Incluso así, ¡solo encontró siete personas a quienes
enviárselas! Todavía en 1888, se quejaba a su amigo el Barón von Seydlitz...

¡MIRA A MIS QUERIDOS ALEMANES! A PESAR DE QUE TENGO 45 AÑOS Y DE QUE HE PUBLICADO ALREDEDOR DE 15 LIBROS, NADIE EN ALEMANIA HA SIDO AÚN CAPAZ DE ESCRIBIR UNA RESEÑA MODERADAMENTE BUENA SOBRE CUALQUIERA DE MIS OBRAS.

Por entonces, los escritos de Nietzsche comenzaron a encontrar respuestas
relativamente buenas en Francia y Escandinavia, pero se sentía con menos amigos
que nunca. En una carta a su hermana Elizabeth, le decía: «un hombre profundo
necesita amigos, a menos que tenga un Dios. No tengo ni Dios ni amigos».

En otra carta a su hermana de 1888, Nietzsche habla de un sentido elevado y solitario de su misión. «No pareces ser siquiera remotamente consciente del hecho de que eres la pariente más próxima de un hombre cuyo sino es decidir el destino de milenios; hablando literalmente, sostengo el futuro de la humanidad en mi mano...».

Un antiguo compañero de estudios, Erwin Rhode, entonces un célebre profesor de filología en Leipzig, comentaba estos últimos años cruciales de Nietzsche antes del colapso final.

TODO SU SER ESTABA MARCADO POR UNA EXTRAÑEZA INDESCRIPTIBLE QUE ME ASQUEABA... PARECÍA PROVENIR DE UN PAÍS DESHABITADO.

¡LOS ALEMANES SON DEMASIADO ESTÚPIDOS PARA LO ELEVADO DE MI ESPÍRITU!

Nietzsche se volvió adicto a una misteriosa droga javanesa (¿opio?) que tomaba para aliviar su dolor y su insomnio, cada vez mayores. En esta condición deplorable escribió en solo quince días en el verano de 1887 su obra más influyente, *La genealogía de la moral*.

La genealogía de la moral

En el prefacio a esta obra extraordinaria, se nos recuerda que, de todo el conocimiento que buscamos, el más difícil de alcanzar es, con diferencia, el **autoconocimiento**. El axioma «cada hombre se encuentra lo más alejado de sí mismo» parece ser siempre cierto, a pesar de que la motivación más consistente de Nietzsche tienda siempre a superar esta «última frontera» del conocimiento.

En este contexto, *La genealogía de la moral* representa un gran paso en nuestra comprensión de la psicología humana, ya que su objetivo confeso no es otro que exponer la creación del valor mismo.

Este es un proyecto doble:

1. Una historia y un análisis de las ideas morales. Esto, a su vez, está respaldado po
2. Una crítica de la psicología: ¿*cómo* pudieron los seres humanos llegar a esto principios morales?

De este libro, Nietzsche dijo más tarde que contenía «... verdades muy desagradabl audibles solo como un sordo murmullo en la distancia». Es fácil ver por qué los psicólogos posteriores siguen el principio nietzscheano de la sospecha. Nunca aceptar el razonamiento humano al pie de la letra, pues busca enmascarar los miedos a los que se enfrenta: algunas «verdades muy desagradables».

La ética de la compasión

La sospecha de Nietzsche se dirige, en primer lugar, contra lo que llama los «instintos no egoístas» (la compasión, la autonegación y el autosacrificio), pues en estas cualidades siente «el estancamiento, la fatiga nostálgica y una voluntad que se ha vuelto en **contra** de la vida» (el *ennui* o sentimiento antivida expresado en estas cualidades conduce al **nihilismo**, que compara con una enfermedad altamente debilitante).

ENTRE LAS CUALIDADES «NO EGOÍSTAS», SEÑALO LA COMPASIÓN COMO EL INSTINTO FUNDAMENTAL «ANTIVIDA», PUES AL COMPADECER A LOS OTROS NOS DEBILITAMOS A NOSOTROS MISMOS Y NO BENEFICIAMOS TAMPOCO EN MODO ALGUNO AL OBJETO DE NUESTRA COMPASIÓN.

La compasión funciona contra el desarrollo de la humanidad porque intenta preservar lo que se encuentra maduro para la destrucción (reflejando, quizá, nuestro miedo general a la muerte, incluso la muerte de los más débiles).

Nuestros debates y batallas morales contemporáneos sobre la eutanasia, el aborto y las patologías médicas de todo tipo, se centran todos ellos en la cuestión del valor de la compasión.

Desde la inclinación victoriana hacia las «buenas obras» y las fundaciones benéficas, hasta Amnistía Internacional y Band Aid, en todas partes vemos operar en las sociedades occidentales la **ética de la compasión**.

Por supuesto, los lectores occidentales apenas necesitarán que se les recuerde que la compasión es también un pilar fundamental de la religión cristiana.

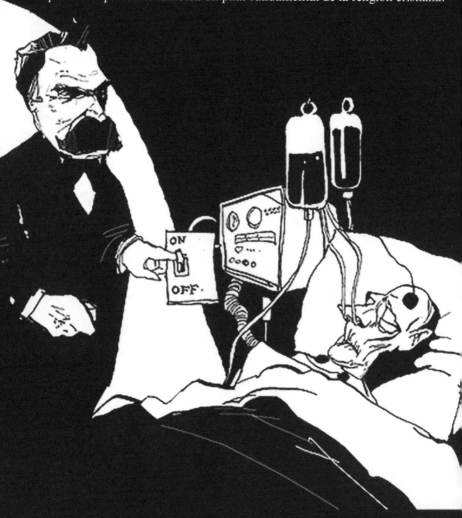

La revuelta de los esclavos en la ética

Las observaciones de Nietzsche sobre la «compasión» conducen a la conclusión ineludible de que este valor moral es, en realidad, dañino para nuestro bienestar psicológico y, sin embargo, ¡es central para el pensamiento moral de las sociedades «civilizadas» modernas!

LA ALTA ESTIMA QUE NORMALMENTE OTORGAMOS A TAL VALOR ANTIVIDA REPRESENTA EL TRIUNFO DE LA ÉTICA DEL ESCLAVO: LA MORALIDAD DE LAS MAYORÍAS MÁS DÉBILES Y OPRIMIDAS DE LA HISTORIA.

Esta revuelta llega hasta los orígenes del pensamiento judeocristiano. Sus líderes son la casta sacerdotal, cuyo logro consiste en el triunfo de la capacidad humana de racionalizar la desgracia y reprimir las necesidades instintivas. Un triunfo fundamentalmente **intelectual**.

Los pecados de los padres

Nietzsche es duro con los sacerdotes, a quienes considera los mayores, pero también los más inteligentes **odiadores** en la historia. Como líderes de una mayoría débil, su capacidad no reside en la fuerza de las armas, más bien tienen que depender de sus poderes mentales.

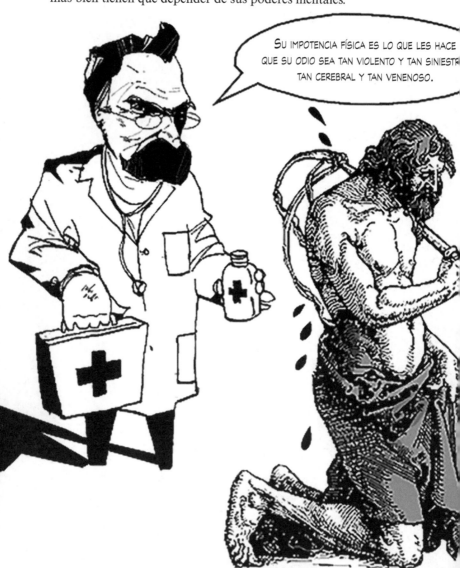

> SU IMPOTENCIA FÍSICA ES LO QUE LES HACE QUE SU ODIO SEA TAN VIOLENTO Y TAN SINIESTR TAN CEREBRAL Y TAN VENENOSO.

¡La venganza de esta casta será la venganza más brillante de todas! Sin embargo, la paradoja estriba aquí en que solo a través de la casta sacerdotal se ha podido desarrollar la inteligencia humana de forma sutil y profunda. ¡Es en el terreno de la existencia sacerdotal donde han florecido algunas de las mayores creaciones del intelecto humano!

La ética del esclavo: la inversión de los valores

Quizá el acto más original de la casta sacerdotal fuera la creación de un nuevo sistema de valores. Mediante un proceso de inversión, tomaron los valores aristocráticos de sus gobernantes (los fuertes y los poderosos) y los convirtieron en su opuesto: los grandes vicios o «pecados».

ESTA INGENIOSA MANIOBRA DA COMO RESULTADO EL SIGUIENTE SISTEMA DE PENSAMIENTO MORAL: UNA «INVERSIÓN» DE LOS VALORES.

Ética aristocrática
Audacia
Salud
Orgullo
Etc.

Ética de esclavos
Mansedumbre
El valor del sufrimiento
Humildad
Etc.

La idea del mal

Una vez que se ha logrado esta **transvaloración**, solo queda un pequeño paso para completar el rechazo de la ética aristocrática.

En este rechazo de los valores de la ética aristocrática la casta sacerdotal desarrolla un dispositivo aún más brillante: la idea del **mal**.

LA AUDACIA ES, REALMENTE, ARROGANCIA...

EL ORGULLO ES, REALMENTE, AMOR PROPIO, ETC., ETC.

PSICOLÓGICAMENTE ENCONTRAMOS AQUÍ LA IDEA DE REPRESIÓN: LA NEGATIVA A ADMITIR EL DESEO DE LO QUE NO SE PUEDE OBTENER. ¡MEJOR RECHAZARLO COMO DESPRECIABLE!

Las líneas de la oposición entre la ética
aristocrática y la esclava surgen ahora
con claridad.

... SOLO LOS POBRES,
LOS IMPOTENTES, SON BUENOS; SOLO LOS QUE
SUFREN, LOS ENFERMOS Y LOS FEOS, SON REALMENTE
BIENAVENTURADOS. ¡PERO VOSOTROS LOS NOBLES Y LOS
PODEROSOS DE LA TIERRA SERÉIS, PARA TODA LA ETERNIDAD,
EL MALVADO, EL CRUEL, EL AVARICIOSO, EL ATEO Y, EN
CONSECUENCIA, LOS MALDITOS
Y LOS CONDENADOS!

LOS VALORES SIMPLES DEL ESPÍRITU NOBLE CONTIENEN
LA IDEA DEL MAL CASI COMO UN PENSAMIENTO
POSTERIOR. LA MORALIDAD ARISTOCRÁTICA
SE DESARROLLA PURAMENTE DESDE
LA AUTOAFIRMACIÓN: DECIR «SÍ» A LA VIDA.

La ética aristocrática surge espontáneamente del
cumplimiento de su voluntad y acción en el mundo. Su
concepto central es «bueno». Los antiguos gobernantes
atenienses se describían a menudo a sí mismos como
«aristócratas, buenos, bellos y felices». En un contexto así,
«malo» significa simplemente la falta de cualidades que
afirman la vida.

135

El rencor de los débiles

Así, en la ética aristocrática, «malo» es simplemente una carencia, anexa a la idea central de «bueno». En la ética de esclavos, el concepto rector es «malo», que se renombra como mal (*evil*). La ética de esclavos comienza diciendo no a un «afuera», un «otro», un no-yo, y que **no** es su acto creativo.

Nietzsche encuentra los orígenes de la ética de esclavos en el rencor del débil quien, incapaz de llevar a cabo su voluntad y privado, así, de una salida para la acción, se entrega a una venganza imaginaria y denigra lo que no puede emular.

PARA NOSOTROS, LA GRATIFICACIÓN SE POSPONE HASTA EL CIELO...

MIENTRAS QUE CUANDO UN HOMBRE NOBLE SIENTE RENCOR, LO EXPRESA INMEDIATAMENTE Y ABSORBE SU REACCIÓN Y, POR TANTO, EVITA ENVENENARSE.

Dos visiones del enemigo

Estas dos moralidades perciben a sus enemigos de forma completamente diferente.

La persona noble **respeta** a su enemigo, a quien necesita como un punto de apoyo para su propia voluntad y acción, y cuyo «respeto es ya un puente hacia el amor».

MI ENEMIGO DEBE POSEER CUALIDADES SIMILARES A LAS MÍAS...

... UN ENEMIGO DIGNO.

El enemigo concebido por la ética de esclavos (el espíritu rencoroso) es un ser bastante diferente de sí mismo.

¡ÉL ES EL MALVADO QUE DEBERÍA SER DESTRUIDO IDEALMENTE!

En esta ética de esclavos vemos un profundo autoengaño: «la persona rencorosa no es ni veraz ni ingeniosa ni honesta ni franca consigo misma. Su alma bizquea, su mente ama los caminos secretos y puertas traseras...». Sin embargo, tal persona será más lista que la persona noble o aristocrática (más maquinadora), al vivir «de sus ingenios». Pero, finalmente, representa «el olor del fracaso, de un alma que se ha vuelto rancia», un alto precio a pagar por la razón y la represión de la emoción.

Los orígenes de la conciencia

Nietzsche deplora el hecho de la conciencia humana y, junto con ella, el fenómeno de la **culpa** y la mala conciencia. (**Conciencia**: el pensamiento más íntimo, particularmente referido al sentido de lo correcto e incorrecto. Q.E.D.).

Podemos considerar la conciencia como una característica peculiarmente humana, pero *La genealogía de la moral* sugiere que es un desarrollo comparativamente reciente en la historia de la psicología humana. Coincide con los comienzos de la estructura social y de la elaboración de las leyes que, a su vez, depende de la represión del **instinto** y del desarrollo de la **racionalidad**.

Este salto en la evolución, un movimiento alejado de nuestra naturaleza animal hacia el *Homo sapiens* (del latín, «hombre sabio», ha sido la causa de nuestra mayor infelicidad.

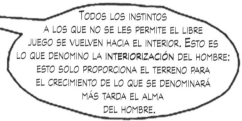

TODOS LOS INSTINTOS A LOS QUE NO SE LES PERMITE EL LIBRE JUEGO SE VUELVEN HACIA EL INTERIOR. ESTO ES LO QUE DENOMINO LA **INTERIORIZACIÓN** DEL HOMBRE: ESTO SOLO PROPORCIONA EL TERRENO PARA EL CRECIMIENTO DE LO QUE SE DENOMINARÁ MÁS TARDA EL ALMA DEL HOMBRE.

ual que una criatura marina que nada en libertad y que es obligada a
ndonar su hábitat natural para adaptarse a la tierra encuentra su nueva
dición torpe e incómoda, así encontramos que nuestro «sentido moral»
ntemente adquirido es una carga que impide nuestra previa libertad de
on. Esta «declaración de guerra» contra nuestros antiguos instintos es
ana.

FINALMENTE, TOMAMOS PARTIDO CONTRA NOSOTROS MISMOS, ENFERMAMOS Y NOS CASTIGAMOS.

Una guerra diaria de desgaste
entre el instinto y la moralidad
(el «remordimiento
de conciencia») se convierte
en el estado de normalidad.

La enfermedad de la conciencia

Nietzsche admiraba profundamente al novelista ruso **Fiódor Dostoyevski** (1821-81). «He aquí a un psicólogo con quien estoy de acuerdo», escribió a Peter Gast en 1880. Se refiere en otra carta (7 de marzo de 1887) a la novela de Dostoyevski, *Notas del subsuelo* (1864), una confesión de asombrosas y espantosas percepciones. El antihéroe sin nombre de esta historia sondea las profundidades de la miseria y la parálisis que provienen de la enfermedad de la autoconciencia: «Soy un hombre enfermo. Soy un hombre rencoroso. Soy un hombre poco atractivo. Creo que mi hígado está enfermo...».

QUIERO DECIRLES AHORA, SEÑORES... ¡POR QUÉ NO PUDE CONVERTIRME SIQUIERA EN UN INSECTO!... SER CONSCIENTE ES UNA ENFERMEDAD... PUES PARA LAS NECESIDADES DIARIAS DEL HOMBRE HABRÍA SIDO MÁS QUE SUFICIENTE TENER... LA MITAD O UN CUARTO DE LA CANTIDAD QUE LE CORRESPONDE A UN HOMBRE CULTIVADO DE NUESTRO INFELIZ SIGLO XIX.

Nietzsche estaba intentando arrancar de raíz los últimos vestigios del cristianismo; mientras que Dostoyevski, en el fondo un secreto no creyente, estaba buscando apasionadamente una aceptación cristiana de la vida. Ambos compartían una búsqueda por el sentido del ser humano en su límite extremo y, como tales, ambos fueron pioneros del **Existencialismo**.

El intento de «convertirse en un insecto» se torna en una pesadilla real en la historia *Metamorfosis* (1912) de **Franz Kafka** (1883-1934). La transformación «real» de Gregor Samsa en un insecto puede ser considerada como la materialización terminal de la conciencia enferma.

Kafka anticipa la condición existencialista del «absurdo» que puede encontrarse en *El extranjero* (1946), una novela de **Albert Camus** (1913-60).

El origen de lo «bueno»

La idea de «bueno» implícita en la ética de esclavos depende de la teoría del **altruismo**, esto es, cualquier acción que beneficie a otros es un ejemplo de «bondad». Aquí, de nuevo, vemos la cualidad autocrítica del esclavo que sacrifica el interés propio por el bien común, algo comparable al comportamiento de ciertas comunidades de insectos.

Así, lo «bueno» se identifica con acciones particulares en el mundo. Este error fundamental se perpetúa en la historia de la **ética naturalista**: las teorías que intentan demostrar que la bondad es inherente a una **acción** particular.

ESTAS TEORÍAS NUNCA PUEDEN LIDIAR CON LOS CA[...] EN EL **CONTEXTO** DE LA[...] ACCIONES, POR EJEMPL[...] «ES BUENO MOSTRAR MISERICORDIA».

¡ESTA PROPOSICIÓN NO SERÁ MUY PLAUSIBLE CUANDO SE APLIQUE A UN ENEMIGO CUYA PRINCIPAL PREOCUPACIÓN SEA MATARME A CUALQUIER PRECIO!

Las acciones altruistas serán, sin duda, elogiadas por sus destinatarios. Pero, para empezar, ¿por qué deberían pensar los que las realizan que eran «buenas»?

Los orígenes de lo «bueno» deben residir en otra dirección que requiera una conciencia **histórica** de nuestro desarrollo moral. Aquí, Nietzsche nos recuerda el antiguo derecho señorial de dar nombres a las cosas: una expresión del poder del gobernante. «Dicen, "esto **es** eso o aquello"; sellan cada cosa y acción con un sonido y, así, toman posesión simbólica de ella».

El origen lingüístico o **etimología** de la palabra «bueno» también muestra su asociación con el grupo más fuerte y poderoso. En alemán, las palabras *schlecht* (malo) y *schlicht* (simple) están íntimamente relacionadas. «Durante mucho tiempo el primer término (*schlecht*) se usaba de manera indistinta con el segundo (*schlicht*) sin ninguna connotación despectiva, designando meramente al plebeyo como opuesto al noble».

La idea de lo «malo» pasó a ser asociada con nociones como «común», «plebeyo» o «bajo». Otro ejemplo de la «creación de valores» que solo el espíritu noble es capaz de llevar a cabo.

El ideal ascético

Finalmente, intentemos responder a la cuestión de por qué es tan exitosa la ética de esclavos. ¿Por qué el ideal ascético de la casta sacerdotal continúa poseyendo una fascinación tan terrible para tanta gente? La respuesta se encuentra en la función de la enseñanza ascética: «el ideal ascético surge a partir del instinto protector y curativo de una vida que está degenerando y, sin embargo, lucha con uñas y dientes por su preservación».

El sacerdote ascético es un consolador del sufrimiento humano. Ofrece una explicación para ese sufrimiento, haciendo que sea más fácil cargar con la enfermedad: le otorga **significado**.

De ahí se sigue la ética esclava. El **rencor** encuentra ahora un objetivo, nace la **conciencia** y tiene efecto la **culpa**.

Aquí reside el poder del ideal ascético, que proporciona un significado a la existencia: su único significado hasta ahora. Como tal, solo podemos admirar este logro y, con él, el gran **acto de voluntad** necesario para crear tal sistema (¡a pesar de ser un sistema enfermo!).

SIN EMBARGO, DEBEMOS RECORDAR SUS CARACTERÍSTICAS...

MIEDO AL DESEO

DESPRECIO DE UNO MISMO

NEGACIÓN DEL PLACER

En resumen, es mortalmente **antivida**. Tenemos que concluir que ello representa «una voluntad por la nada, una repulsión hacia la vida, una rebelión contra las principales condiciones de la vida».

El triunfo del nihilismo

El ideal ascético y la ética del esclavo constituyen para Nietzsche la mayor enfermedad que afligió nunca a la humanidad (¡pero que son por completo nuestra propia creación!). Describe este sistema como **decadente** (literalmente «que decae», «que se cae»).

La necesidad humana por encontrar significado en la existencia (incluso un significado negativo que niegue la posibilidad de la mejora humana) nos conduce hasta la última línea de *La genealogía de la moral* de Nietzsche.

EL HOMBRE PREFIERE TENER EL VACÍO PARA SUS PROPÓSITOS QUE ESTAR VACÍO DE PROPÓSITOS...

anticristo

su último año de lucidez completa
888), Nietzsche completó dos obras
rtas, *El ocaso de los ídolos*
El anticristo. El último es un ataque
ntinuo a la ética cristiana.
el prólogo, Nietzsche señala
e sus lectores necesitarán
alor para lo prohibido»
«nuevos ojos para las cosas
ás distantes».
subtítulo
opuesto era
a revaluación de
dos los valores».

LLAMO DEPRAVADO A UN ANIMAL, A UNA ESPECIE, A UN INDIVIDUO, CUANDO PIERDE SUS SENTIDOS, CUANDO ESCOGE, CUANDO PREFIERE LO QUE LE ES DAÑINO... LOS VALORES DEL DECLIVE, LOS VALORES NIHILISTAS DOMINAN BAJO LOS NOMBRES MÁS SANTOS.

147

El ocaso de los ídolos ejemplifica bien el método de la ironía de Nietzsche, filosofando «con el martillo como con un diapasón». Aquí encontramos su paradoja más famosa: «temo que no nos estemos librando de Dios porque aún creemos en la gramática...». Así, en pocas palabras, esto resume el programa de *deconstrucción* de Jacques Derrida, su ataque contra la tradición occidental del «logocentrismo». Nietzsche siempre criticó la ilusión de que la existencia de una palabra garantiza la verdad de aquello a lo que esta se refiere.

Platón

Kant

NO DESIGNAMOS MERAMENTE COSAS CON PALABRAS, SINO QUE REALMENTE CREEMOS QUE, A TRAVÉS DE ELLAS, PODEMOS CAPTAR LO QUE ES **VERDAD** EN LAS COSAS.

Nietzsche también proporciona la fuente de otra influyente idea «posmoderna», la noción de Jean Baudrillard del *simulacrum* o la nulificación de la realidad misma como hiperrealidad. En una sola página, Nietzsche rastrea las seis etapas: *cómo el «mundo real» se convierte finalmente en un mito.* El «mundo real» (o la «historia de un error») que comienza con el idealismo de Platón, y continúa con el cristianismo, el kantismo y el positivismo lógico, se vuelve cada vez más **desconocido**, hasta que es inútil, superfluo y, finalmente, resulta abolido. «Hemos abolido el mundo real: ¿qué mundo queda? ¿Quizás el mundo aparente?...».

genstein

Baudrillard

¡PERO NO! ¡CON EL MUNDO REAL TAMBIÉN HEMOS ABOLIDO EL MUNDO APARENTE!

¿Reconocimiento al fin?

En este punto, los escritos de Nietzsche estaban, poco a poco, ganando terreno en Europa. El eminente crítico francés **Hippolyte Taine** (1828-93) respondió de forma entusiasta a *Más allá del bien y del mal* (otro libro impreso a expensas de Nietzsche). En Dinamarca, otro crítico e historiador influyente, **Georg Brandes** (1842-1927), dio clases sobre la filosofía de Nietzsche. El gran dramaturgo sueco **August Strindberg** (1849-1912) estuvo profundamente impresionado por las ideas de Nietzsche.

Las cartas de Nietzsche a Brandes y Strindberg de finales de 1888 revelan abiertamente el estado peligrosamente megalomaníaco de su mente. *Ecce Homo*, el último libro que escribió Nietzsche (1888) toma su título del saludo de Pilato a Jesús que porta su corona de espinas (Evangelio de San Juan, 19:5). «La humanidad puede comenzar a tener nuevas esperanzas solo ahora que he vivido». Y en una carta a Strindberg (7 de diciembre de 1888), escribió...

VOY A SER EL NUEVO SALVADOR, ARRANCANDO TANTO LA HISTORIA COMO LA HUMANIDAD DE LAS GARRAS DE CRISTO.

Nietzsche había sufrido durante demasiado tiempo a causa de su soledad extrema y el olvido que sufrió su obra. Finalmente, antes de pagar el precio del colapso mental completo, se vio a sí mismo como el anticristo; o el salvador anticristiano.

El 31 de diciembre de 1888 envió un mensaje a Strindberg.

El colapso de Nietzsche

«Aparte del hecho de que soy decadente, también soy el reverso de tal criatura» (de *Ecce Homo*). Se puede decir que en cada uno de los libros de Nietzsche es un estadio en el duelo entre estos dos antagonistas dentro de sí mismo. Se propuso deliberadamente descubrir todo rasgo «decadente» que tuviera en sí mismo y, a continuación, prescribir inmediatamente el antídoto para combatir cada una de las durezas sobre sí mismo, lo que contradicen la gentileza innata de su carácter.

El 3 de enero de 1889, en la plaza Carlo Alberto, en Turín, vio a un cochero dando latigazos a un caballo viejo. Abrazó al animal, sollozó, y se desmayó. Nietzsche había finalmente perdido su cordura.

El grado de la demencia de Nietzsche continúa siendo un tema de debate. Su amigo, el eminente profesor de filología, Johannes A. Overbeck, nos dejó un interesante comentario: «No me podía resistir del todo a la idea de que la enfermedad de Nietzsche era simulada: una impresión derivada de mi larga experiencia de su hábito de ponerse tantas máscaras diferentes».

Existe incluso un libro, *Mi hermana y yo*, supuestamente escrito por Nietzsche en su último año en Weimar donde su hermana Elizabeth Föster-Nietzsche se encargó de cuidarlo. Había vuelto de Paraguay en 1895, seis años después del suicidio de su marido.

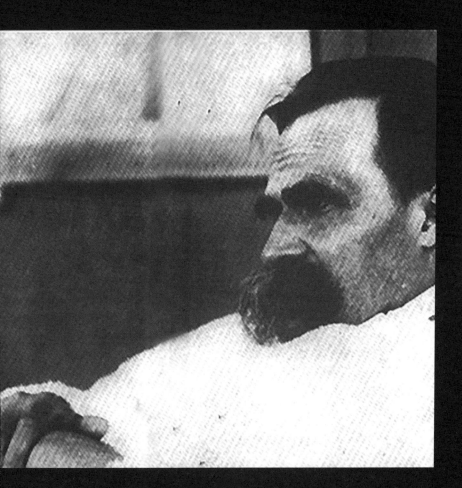

Casi doce años después de su colapso, el 25 de agosto de 1900 Nietzsche murió de neumonía en Weimar.

En un corto panegírico junto a su sepultura, Peter Gast, quizás involuntariamente, cumplió la primera de las premoniciones de Nietzsche.

TENGO UN MIEDO TERRIBLE A QUE UN DÍA SE ME DECLARE SANTO.

Fue enterrado en Röcken, su lugar de nacimiento.

Nietzsche y los nazis

Elizabeth, la hermana de Nietzsche, rechazó el intento de Peter Gast de editar los numerosos manuscritos sin publicar y se hizo con el control completo del archivo de la obra de su hermano.

HE USADO SUS CARTAS Y OTROS ESCRITOS PARA CREAR LA IMPRESIÓN DE QUE SIEMPRE HABÍA SEGUIDO DE CERCA LA OBRA DE MI HERMANO.

MIENTRAS QUE SU ANTISEMITISMO HABÍA SIDO, DE HECHO, UNA CUESTIÓN SERIA DE DESACUERDO Y DISTANCIAMIENTO DE ÉL.

Elizabeth supervisó la publicación del archivo. Sus sentimientos nacionalistas le aseguraron a Nietzsche un lugar en la política emergente del imperialismo alemán en la Primera y la Segunda Guerras Mundiales.

NO TENGO DUDA DE QUE EL FÜHRER ES EL «SUPERHOMBRE» PREDICHO POR ZARATUSTRA.

Es una ironía de la historia que el declarado odio de Nietzsche al racismo en general, y al antisemitismo en particular, haya sido suprimido de forma efectiva por sus mayores oponentes, los nazis.

ás tarde, en los juicios de Núremberg a criminales de guerra nazis (1946), Nietzsche
e citado como una figura principal de la ideología alemana.

propio Nietzsche parece haber temido e, incluso, profetizado, este
conocimiento totalmente erróneo de sus ideas, como lo hace (con la suficiente
onía) en una carta a su hermana desde Venecia, en junio de 1884.

TIEMBLO CUANDO PIENSO EN TODOS AQUELLOS QUE, SIN JUSTIFICACIÓN, SIN ESTAR LISTOS PARA COMPRENDER MIS IDEAS, INVOQUEN, SIN EMBARGO, MI AUTORIDAD.

LO QUE ES IMPORTANTE NO ES QUÉ PUDO QUERER DECIR EL CREADOR DE UNA IDEA DE GENIO, SINO EN AQUELLO EN LO QUE SE CONVIERTE LA IDEA EN BOCA DE CUALQUIERA QUE LA TRANSMITA.

Los políticos, como había observado Nietzsche, están más preocupados
por la conveniencia que por la verdad, y Hitler mismo estaba descaradamente

El caso de la defensa

Dejando a un lado las complejidades de la ideología nazi, la cuestión del **racismo** es, quizá, la forma más sencilla de separar a Nietzsche de Hitler. Compárense las declaraciones de Hitler en *Mein Kampf* y la opinión de Nietzsche en una carta a su hermana escrita desde Niza, el 26 de diciembre de 1887.

NUESTRO PARTIDO SE APOYA EN UNA CONCEPCIÓN RACIAL DEL UNIVERSO; ESTA ES LA PARTE ESENCIAL DE SU DOCTRINA; TRABAJA PARA EL TRIUNFO FINAL DEL RACISMO.

RECIENTEMENTE ME HE SENTIDO ABRUMADO POR CARTAS Y PANFLETOS ANTISEMITAS; MI AVERSIÓN POR ESTE PARTIDO (QUE ESTARÍA ENCANTADO DE APROVECHARSE DE MI NOMBRE) ES TAN PRONUNCIADA COMO PUDIERA SERLO.

Sobre la cuestión relacionada del **nacionalismo** Nietzsche es bastante claro. Pocos escritores han mostrado menos respeto por su país y su política. Una carta desde Suiza, el 12 de mayo de 1887, bastará para mostrar esto. «Solo siento tener afinidad con la mayoría de los franceses y rusos cultos, pero para nada con la así llamada élite distinguida de entre mis propios paisanos, quienes lo juzgan todo teniendo como principio: "Alemania por encima de todo"...».

DEJA QUE VENGA A ZARATUSTRA, QUIEN HA DESAPRENDIDO EL AMOR DE SU PUEBLO PORQUE HA APRENDIDO A AMAR A MUCHOS PUEBLOS.

De hecho, Zaratustra predica el **credo internacional**.

Nietzsche y el psicoanálisis

Tanto Marx como Freud tienen en común con Nietzsche el «método de la sospecha». Sus análisis de la cultura y de la conciencia presentan una historia de **falsa consciencia.**

La admiración de Freud por Nietzsche se muestra en su desarrollo de ideas clave.

Todos los instintos que no encuentran una salida hacia el exterior de uno mismo se vuelven hacia dentro.
Genealogía de la moral

Todas las verdades suprimidas se vuelven venenosas.
Zaratustra

TALES COMENTARIOS SON CLARAMENTE EL INICIO DE MI TEORÍA DE LA NEUROSIS.

La noción freudiana de la represión también está anticipada en el análisis de Nietzsche sobre el orgullo en *Más allá del bien y del mal*.

«HE HECHO ESO», DICE MI MEMORIA, «NO PUEDO HABER HECHO ESO», DICE, INFLEXIBLE, MI ORGULLO. FINALMENTE, LA MEMORIA CEDE.

LOS HISTÉRICOS SUFREN PRINCIPALMENTE POR LAS REMINISCENCIAS...

La orientación **patológica** de Freud (la idea de que solo podemos conocer la verdadera naturaleza de la psicología «normal» mediante el estudio de la persona anormal) se refleja en la proposición de Nietzsche en *Humano, demasiado humano* que dice: «las naturalezas desviadas son de la mayor importancia dondequiera que tenga que haber progreso».

numerosos temas.

Religión: *Dios es una respuesta grosera... para nosotros es, en el fondo, una grosera prohibición: ¡no puedes pensar!*

Humor: *El ingenio es el epitafio de una emoción.*

Humano, demasiado humano

Sexualidad: *El grado y tipo de la sexualidad de una persona alcanza la cumbre más alta de su espíritu.*

Más allá del bien y del mal

Soñar: *O bien uno no sueña en absoluto o sueña de una manera interesante.*

Ciertamente, sin su crítica psicológica, la obra de Nietzsche sobre la cultura y la moralidad no habría sido posible. Tal crítica se tiene que basar en la propia realidad psicológica del autor, si es que quiere obtener una visión real. Aquí, Nietzsche pagó muy alto precio por su autoconocimiento. «Cuando he mirado en mi *Zaratustra*, camino arriba y abajo en mi habitación durante media hora, incapaz de dominar un ataque insoportable de sollozos».

El precio de una gran desesperación se revela en estas dos sentencias del borrador de notas de Nietzsche para *La voluntad de poder* (1886-8).

YA HA DURADO DIEZ AÑOS: YA NO PENETRA DENTRO DE MÍ NINGÚN SONIDO: UNA TIERRA SIN LLUVIA. UN HOMBRE DEBE TENER UNA GRAN CANTIDAD DE HUMANIDAD A SU DISPOSICIÓN PARA NO CONSUMIRSE EN UNA SEQUÍA ASÍ.

Wittgenstein: la filosofía lingüística

El interés filosófico del siglo XX en el lenguaje encontró inspiración en los escritos de Nietzsche. La última filosofía de Ludwig Wittgenstein (1889-1951) usa la idea de significado como el **uso** de cualquier expresión, subrayando los **efectos prácticos** del lenguaje.

Este enfoque coloca el significado en la **relación** cambiante entre el pensamiento y la acción y rechaza la idea del significado como algo fijo y atemporal, o como meramente una propiedad de análisis lógico, como Nietzsche ya había previsto en *La filosofía griega en la época trágica de los griegos* (1873).

LA MAJESTAD DE LA VERDAD NO SE ESCALA POR LA CUERDA DE LA LÓGICA.

... QUIEN ME ENTIENDE RECONOCE AL FINAL QUE MIS PROPOSICIONES SON SINSENTIDOS CUANDO, MEDIANTE ELLAS —A HOMBROS DE ELLAS— HA LOGRADO AUPARSE POR ENCIMA DE ELLAS. (TIENE, POR ASÍ DECIRLO, QUE TIRAR LA ESCALERA UNA VEZ QUE SE HA ENCARAMADO EN ELLA).

Del *Tractatus logico-philosophicus*, 6.54 (1922).

Estas relaciones cambiantes, o «formas de vida», socaban el lenguaje
como expresión «literal», y lo muestran como una relación compleja
de metáforas, símiles, metonimias y recursos poéticos. Así, «el significado
literal» es simplemente lenguaje figurativo cuyas complejidades
se han olvidado, como nos recuerda Wittgenstein en sus *Investigaciones
filosóficas* (1953), y como vemos en la imagen del lenguaje de Nietzsche.

IMAGINAR UN LENGUAJE
ES IMAGINAR UNA FORMA
DE VIDA.

LAS VERDADES SON ILUSIONES DE
LAS QUE SE HA OLVIDADO QUE LO SON,
METÁFORAS QUE SE HAN VUELTO GASTADAS
Y SIN FUERZA SENSIBLE, MONEDAS QUE HAN
PERDIDO SU TROQUELADO Y QUE AHORA YA NO
SON CONSIDERADAS COMO MONEDAS,
SINO COMO METAL.

Heidegger y Nietzsche

En su ensayo «La palabra de Nietzsche», **Martin Heidegger** (1889-1976) presenta a Nietzsche como el mayor crítico de la tradición metafísica occidental ejemplificada por Platón. «A través del vuelco de la metafísica realizado por Nietzsche, para la metafísica no queda más que un desvío hacia su propia accidentalidad y desorden».

Esta tradición, considerada como el auge y desarrollo del **nihilismo**, supone un punto de inflexión (¿la crisis posmoderna?).

PARA IR MÁS ALLÁ DE ESTA FASE ES NECESARIO PARA NIETZSCHE UNA NUEVA RELACIÓN CON LA **VERDAD**, Y PARA MÍ, TAMBIÉN UNA NUEVA RELACIÓN CON EL **SER**.

¿Qué quiere decir **Ser** (*Sein* en alemán) para Heidegger? Significa: «lo que se ofrece al pensamiento para pensar». En otras palabras, el Ser va más allá de cualquier **sistema** de pensamiento. Pero «ir más allá» no implica **transcendencia** en el significado último de la existencia del hombre en el mundo; una cuestión de vital importancia para Nietzsche.

El Ser debería entenderse en el sentido de **horizonte**, que, como el problema del tiempo mismo, es resistente al filosofar: de ahí el título de la obra clave de Heidegger, *Sein und Zeit* (*Ser y tiempo*), 1927.

Una parte importante del pensamiento de Heidegger proviene del método de la **fenomenología** de su maestro **Edmund Husserl** (1859-1938) (una inspección austera de los contenidos lógicos de la mente), que Heidegger usa para investigar los estados de la mente extremos: la ansiedad, la preocupación, la autenticidad, la nada.

Esto ha convertido a Heidegger, en contra de sus deseos, un aliado del **existencialismo**.

PODEMOS HABLAR DEL DESAMPARO, O *GEWORFENHEIT* (RECHAZO, SER EXPULSADO), UN SENTIDO DE FALTA DE SENTIDO EN SU ANGUSTIA CONSCIENTE DE LA MUERTE.

FRIEDRICH NIETZSCHE
15 OCTOBER
25 AVOVST

UN FILÓSOFO DEBE SER LA MALA CONCIENCIA DE SU ÉPOCA, PERO PARA LOGRAR ESTE FIN DEBE POSEER EL MEJOR CONOCIMIENTO DE ELLA.

Jean-Paul Sartre: el existencialismo

El primer principio de la filosofía existencialista es, de acuerdo con **Jean-Paul Sartre** (1905-80), que «la existencia precede a la esencia». Mediante esta frase se quiere decir que cada uno de nosotros tenemos que determinar individualmente nuestra identidad. «La naturaleza humana» es indeterminada hasta que se hace real por medio de actos de libre elección. Así, el primer hecho con el que nos encontramos es el de nuestra **existencia**, de la cual se sigue una «terrible libertad» en la que estamos condenados a realizar elecciones a cada momento de nuestra vida.

¡INCLUSO LA DECISIÓN DE NO ELEGIR ES UNA ELECCIÓN!

Le néant

Le néant es el término en francés que Sartre toma prestado del de Heidegger *Das Nichts*. Ambos significan la nada o un estado de ansiedad sin objeto.

VIVIR DE FORMA AUTÉNTICA ES VIVIR EN COMPLETA CONSCIENCIA DE LA NADA DE UNO MISMO...

LA COMPLETA CONSCIENCIA DE LA NADA SIGNIFICA ESTAR SEGURO DE QUE NUESTRO FUTURO ES LA MUERTE.

Ciertamente, nuestra «naturaleza» también es nada hasta que se escoge un personaje. Solo de esta forma podemos vivir con autenticidad en términos existencialistas. El énfasis de Nietzsche sobre el papel fundamental de la **voluntad** proporciona los cimientos del pensamiento existencialista: una filosofía de libertad voluntaria y del hecho ineludible de la elección humana.

Derrida: deconstrucción

La llamada de Nietzsche a llevar a cabo una «revaluación de todos los valores» es una prefiguración de la estrategia de **Jacques Derrida** de ruptura en la filosofía que denominó **deconstrucción**. La deconstrucción es un término notoriamente resbaladizo: es, de hecho, *indecidible*. Derrida (1930-2004) mismo sugirió que la deconstrucción debería ser descrita como una «sospecha contra el pensamiento, *¿cuál es la esencia de?*». En este sentido, es un ataque a la tradición metafísica occidental del *logocentrismo* que busca un único punto fijo y atemporal para el origen de la verdad. Una declaración de guerra así encuentra su precedente en el «principio de sospecha» de Nietzsche.

Los escritos de Nietzsche, en su uso de la ironía, la paradoja lúdica y la ruptura de la lógica clásica son un modelo para la propuesta de deconstrucción de Derrida. Ambos pensadores están de acuerdo en que se debe finalmente renunciar al antiguo «sueño de una verdad fundacional».

Si uno puede comprender realmente por qué no puede existir una filosofía «nietzscheana», entonces quedará claro por qué Derrida insiste en que la deconstrucción no debe convertirse en deconstruccion**ismo**. No debe rendirse para tornar en un método gobernado por reglas, un *fundamento*. «Diría que la deconstrucción no pierde nada por admitir que es imposible».

Foucault: conocimiento y poder

El heredero más influyente del método de análisis conceptual «genealógico» de Nietzsche es el filósofo francés e historiador de las ideas, **Michel Foucault** (1926-84). Su *magnum opus*, *Las palabras y las cosas* (subtitulada «una arqueología de las ciencias humanas»), refleja perfectamente la imagen nietzscheana del conocimiento como un proyecto esencialmente **humano** para producir orden desde el caos.

> COMO FÁCILMENTE MUESTRA LA ARQUEOLOGÍA DE NUESTRO PENSAMIENTO, EL HOMBRE ES UNA INVENCIÓN DE FECHA RECIENTE. Y UNA INVENCIÓN QUE QUIZÁ SE ESTÉ ACERCANDO A SU FIN.

Foucault subraya que nuestro modo presente de pensar sobre nosotros mismos es finito. Esta idea encuentra su primera expresión en el comentario de Nietzsche sobre los filósofos en *Humano, demasiado humano*: «... involuntariamente creen que "hombre" es una *aeterna veritas*, como algo que se mantiene constante en medio de todo flujo, como medida segura de las cosas. Todo lo que el filósofo ha declarado sobre el hombre es que, sin embargo, en el fondo el hombre no es más que un testimonio. Que concierne al hombre de un período de tiempo muy limitado».

Las microhistorias de Foucault

Foucault consideró la relación de la genealogía con la historia y la filosofía en su ensayo «Nietzsche, genealogía, historia» (1971). Recordemos que Nietzsche pedía un estudio de «otras historias», sobre los hechos anónimos de nuestras vidas cotidianas. Foucault cumplió la exigencia de Nietzsche escribiendo las microhistorias de la locura, la sexualidad y el castigo.

TODO LO QUE HA DADO COLOR A LA EXISTENCIA NO HA TENIDO HISTORIA... ¿DÓNDE HAY UNA HISTORIA DEL AMOR, DE LA AVARICIA, DE LA ENVIDIA, DE LA CONCIENCIA, DE LA PIEDAD, DE LA CRUELDAD? FALTAN POR COMPLETO INCLUSO UNA HISTORIA COMPARATIVA DE LA JUSTICIA, O INCLUSO SOLO DEL CASTIGO.

ESCRIBIR TALES HISTORIAS EXIGE UNA TRANSGRESIÓN DE LOS LÍMITES TRADICIONALES DEL PENSAMIENTO: UN REPLANTEAMIENTO RADICAL DE LO QUE ENTENDEMOS POR «CONOCIMIENTO» EN RELACIÓN CON EL «PODER».

El logro de Foucault ha sido expandir y documentar la preocupación central de Nietzsche: la **Voluntad de Poder** como fundamento primario del discurso humano y, en particular, del discurso del **conocimiento**.

... LA VERDAD NO SE ENCUENTRA FUERA DEL PODER... LA VERDAD ES DEL MUNDO: SE PRODUCE POR VIRTUD DE MÚLTIPLES LIMITACIONES. E INDUCE LOS EFECTOS HABITUALES DEL PODER. CADA SOCIEDAD TIENE SU RÉGIMEN DE LA VERDAD, SU «POLÍTICA GENERAL» DE LA VERDAD: ESTO ES, LOS TIPOS DE DISCURSO QUE ALBERGA Y HACE QUE FUNCIONEN COMO VERDADEROS.

Nietzsche y el posmodernismo

La sombra de Nietzsche se extiende a través de gran parte de la teoría posmoderna. **Jean-François Lyotard** (1924-84) ha caracterizado célebremente la condición posmoderna (1979) como un desorden de las «grandes narrativas» tradicionales del pensamiento progresista occidental. La idea de la verdad misma se ha «descentrado». Pero ahora que «se ha forzado a la voluntad de verdad a examinarse a sí misma», estamos experimentando una proliferación de las teorías filosóficas y críticas de proporciones epidémicas. El propio Nietzsche no lo habría aprobado.

LA DEBILIDAD DE LA PERSONALIDAD MODERNA SALE A RELUCIR EN LA AVALANCHA INABARCABLE DE CRÍTICAS.

EL DESEO DE CONOCIMIENTO SE HA TRANSFORMADO ENTRE NOSOTROS EN UNA PASIÓN QUE NO TEME AL SACRIFICIO, QUE NO TEME A NADA MÁS QUE A SU PROPIA EXTINCIÓN. PUEDE QUE LA HUMANIDAD PUEDA PERECER EVENTUALMENTE POR SU PASIÓN POR EL CONOCIMIENTO.

Jean-François Lyotard

Guerras entre teorías (posmodernas)

Jean Baudrillard (1929-2007) analiza y ejemplifica simultáneamente este peligroso acontecimiento: la explosión de la teoría. Sus escritos apocalípticos crean y aniquilan su objeto. Estas «guerras entre teorías», como las guerras militares, nos rodean con furia, como predijo Nietzsche en *Ecce Homo*.

... TODAS LAS ESTRUCTURAS DE PODER DE LA ANTIGUA SOCIEDAD HAN VOLADO POR LOS AIRES; TODAS SE BASABAN EN UNA MENTIRA: HABRÁ GUERRAS COMO NUNCA LAS HA HABIDO EN LA TIERRA.

YA NO ES RELEVANTE DECIR QUE «EXISTE» EL MUNDO REAL. NINGÚN SISTEMA DE REPRESENTACIÓN O ANÁLISIS PUEDE REFERIRSE A LA REALIDAD.

¿Cómo lidia Baudrillard con «la mentira» que se encuentra en la base de la estructura de poder social?

El simulacro

En 1981, Baudrillard declaraba **muerta** a la realidad. «Lo real»
es ahora algo solamente **simulado** mediante signos. Vimos
el avance que Nietzsche hace de esta idea de la «desaparición»
del mundo real (ver págs. 148-149). De forma similar, Baudrillard
rastrea las cuatro fases («genealogía») de los signos que conducen
a la extinción postmoderna de la realidad.

1. *El signo es el **reflejo** de una realidad básica.*

2. *A continuación, **enmascara** y **pervierte** una realidad básica.*

3. *Entonces, señala la **ausencia** de una realidad básica.*

4. *Finalmente, no guarda **ninguna relación** con ninguna realidad,
   es un puro simulacro suyo.*

La hiperrealidad posmoderna

Las cantidades epidémicas de teoría posmoderna, la sensación paranoica de existir en un vacío hiperreal, no son simplemente el resultado de académicas «guerras entre teorías». Reflejan un vértigo desesperado, un intento por estar al día con las revoluciones posmodernas en cosmología, en genética y en tecnología digital.

He aquí un ejemplo. En febrero de 1997, una oveja (llamada apropiadamente Dolly) fue clonada en el Roslin Institute en Edimburgo.

El profesor Rotblat abandonó en 1944 el proyecto de la bomba atómica en Los Álamos, angustiado moralmente por la destrucción en masa que había ayudado a desencadenar. Se dedicó a la investigación médica y a hacer campaña antinuclear. Condenó como no ético al experimento genético de clonación.

CLONAR VA EN CONTRA DEL PRINCIPIO DE LA EVOLUCIÓN, QUE ES LA VARIEDAD. NOS CONVERTIMOS EN SERES HUMANOS COMO RESULTADO DE UN CAMBIO. SI TODOS SOMOS IGUALES, NO PODEMOS PRODUCIR NADA NUEVO.

EL HECHO DE QUE LA CIENCIA, TAL COMO LA PRACTICAMOS ACTUALMENTE, SEA POSIBLE DEMUESTRA QUE LOS INSTINTOS ELEMENTALES QUE PROTEGEN LA VIDA HAN DEJADO DE FUNCIONAR.

Podemos atribuir a Nietzsche la clarividencia de cuestionar el «progreso ilimitado» de la ciencia. «Cualquier verdad que amenace la vida no es en absoluto ninguna verdad. Es un error» (ver pág. 66).

Nietzsche nos planteó la cuestión vital: «¿conocimiento: *con qué propósito?*».

Una fábula posmoderna

Nietzsche parece haber anticipado nuestra melancolía posmoderna en la siguiente imagen.

«El Don Juan del conocimiento... no ama las cosas que conoce, ¡si no que tiene espíritu y apetito por la persecución y las intrigas del conocimiento! Hasta que, finalmente, no queda nada de conocimiento que capturar excepto lo absolutamente **perjudicial**; es como el borracho que termina bebiendo absenta y *aqua fortis*. Así, al final, desea el infierno: es el último conocimiento que le seduce. Y este resulta también ser una desilusión, ¡como todo el conocimiento!... pues al universo no le queda una sola migaja que ofrecer a este hombre hambriento».

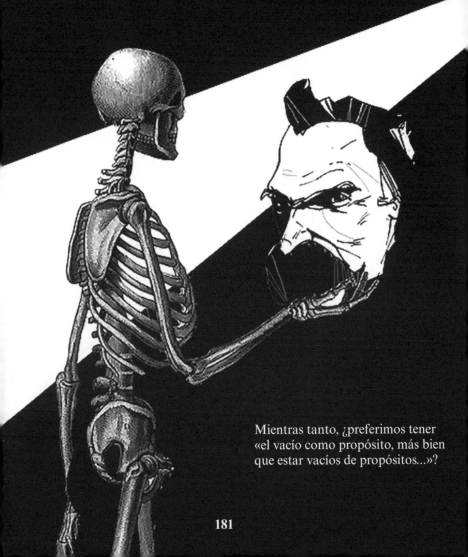

Mientras tanto, ¿preferimos tener «el vacío como propósito, más bien que estar vacíos de propósitos...»?

Sugerencias para continuar leyendo

Libros de Nietzsche: selección de textos

A Nietzsche Reader (Harmondsworth: Penguin, 1977) [disponible en castellano como *El lector de Friedrich Nietzsche*, Barcelona: Océano Ambar, 2000]. Una selección útil de los textos más importantes, ofreciendo una visión general de sus ideas sobre religión, arte, metafísica, psicología y moralidad. La mejor colección en un volumen.

La genealogía de la moral (Madrid: Alianza, 2011). La obra más sistemática y analítica de Nietzsche sobre la moralidad. Clara y sin ambigüedades.

Así habló Zaratustra (Madrid: Tecnos, 2021). Drama, parábola, metáfora y pasión: la obra menos sistemática, pero podría decirse que la más legible.

Más allá del bien y del mal (Madrid: Alianza, 2012). El «preludio a la filosofía del futuro» de Nietzsche. Gran uso del aforismo; ampliamente leída (e incomprendida).

Obras completas, Vols. I, II, III y IV (Madrid, Tecnos).

Comentarios sobre su obra

Nietzsche, de Walter Kaufmann (Princeton, NJ: Princeton University Press, 1974). El primer comentario moderno influyente, presentándole como un humanista libertario.

Nietzsche's Voice, de H. Staten (Ithaca, NY: Cornell University Press, 1990). La más amable de las apreciaciones modernas. Difícil pero que vale la pena.

Nietzsche: Life as Literature, de A. Nehemas (Cambridge, MA: Harvard University Press, 1985) [disponible en castellano como *Nietzsche: la vida como literatura*. Madrid: Turner, 2002]. Un enfoque detallado y académico, el cual puede que Nietzsche lo hubiera, o no, aprobado.

Friedrich Nietzsche: Philosopher of Culture, de Frederick Copleston (Londres: Search Press, 1975; Nueva York: Barnes & Noble, 1975). Todo lo liberal y amable que un católico jesuita puede ser hacia un escritor así.

Reading Nietzsche, ed. R. Solomon y K. Higgins (Oxford: Oxford University Press, 1988). Contiene comentarios útiles sobre la lectura de ciertos textos.

The New Nietzsche, ed. D. Allison (Nueva York: Delta, 1977). Una visión de las lecturas contemporáneas francesas de Derrida, Deleuze y otros. Difícil pero provocativo.

Nietzsche, de Michael Tanner (Oxford: Oxford University Press, 1994). Irascible, humorístico y lleno de ideas. El mejor comentario corto moderno.

Biografías

The Tragic Philosopher, de F. Lea (Londres: Athlone Press, 1993). Altamente estilizado y sesgado, pero que contiene muchos detalles interesantes.

Nietzsche on Tragedy, de M. Silk y J. Stern (Cambridge: Cambridge University Press, 1981). Un comentario biográfico lleno de ideas útiles.

Agradecimientos

A Laurence Gane le gustaría agradecer a Chris Horrocks, Michael Tanner, Richard Appignanesi y al fantasma de Michel Foucault. Gratitud suprema hacia Gabrielle por su provocación eterna y fortaleza nietzscheana.

Al artista le gustaría dar las gracias a Richard Appignanesi (fue un placer trabajar con él), y dedicar este libro a Osvaldo, Amanda, Car, Ro, Mori, Roci, El Barba, Dora, Mono, Papo, Yeyo, Lili, Camacho, Cacho, Fer, Lu, Meme y, por supuesto, a Silvina.

Laurence Gane enseña filosofía en el University College y en el Kings College, ambos de Londres. Ejerce como profesor en el Royal College of Art y vive en Snowdonia, Gales.

Piero es un ilustrador, artista y diseñador gráfico. Se graduó en la Universidad de Bellas Artes de La Plata, Buenos Aires, y su obra se ha incluido dos veces en el Royal College of Art en Londres. También es ilustrador de *Introducing Shakespeare, Introducing Anthropology* e *Introducing Psychiatry.*

Índice de nombres y conceptos